情報の哲学のために

データから情報倫理まで

著　ルチアーノ・フロリディ
訳　塩崎亮／訳・解説　河島茂生

INFORMATIC
A VERY SHORT INTRODUCT
LUCIANO FLORI

keiso shobo

情報の哲学のために——データから情報倫理まで

目　次

※本文内の注は訳注

謝辞

多くの方々からのご支援なしにこの本を完成させることはできなかった。その中でもオックスフォード大学出版局の Kerstin Demata 氏、Emma Marchant 氏、Latha Menon 氏には執筆に関する励ましや助言をいただくとともに、編集校正の作業を担っていただいた。辛抱強く原稿を待ってもらいながらも要所要所では適切な進捗管理をしていただいたことに感謝したい。各氏のおかげでこの本を無事に仕上げることができた。ゲオルク・アウグスト大学ゲッティンゲンの数値・応用数学研究所に滞在中は Robert Schaback 氏にお世話になった。感謝申し上げたい。氏には最終稿の一つ前の版に目を通していただいた。また David Davenport 氏、Ugo Pagallo 氏、Christoph Schulz 氏からもコメントを頂戴した。妻である Anna Christina De Ozorio Nobre 氏からも、特に第6章について貴重な助言をもらっている。彼女には、それだけでなく、とても楽しい人生を一緒に過ごせていることに感謝したい。ゲッティンゲン科学アカデミーには光栄な Gauss Professor（二〇〇八―二〇〇九年度）として選出いただき心よりお礼申し上げる。またハートフォードシャー大学には、ゲッティンゲン滞在時、そして本書執筆時、わたしの講義日程に寛大な対応をしていただいた。記して感謝したい。

図一覧

表一覧

はじめに

この本の目的は、情報の定義や多様な性質、科学的な文脈における位置づけ、そして情報がより重要さを増すことによって引き起こされた社会的・倫理的課題について概観することにある。選択的な内容にとどまらざるをえないが、分量は決して短いとはいえず初歩的な内容ともなっていない。できれば、日常的にわれわれが接している情報と絡む多様な現象やそれらの現象の深遠かつ根源的な重要性について、さらにはわれわれが生きるこの情報社会について読者が理解を深めるきっかけになればと願う。

情報は多くの形態をとるため、また多くの意味をもつため扱いにくい。いいかえれば情報は、ある観点、ある要件や必要なことがらに応じて異なる説明づけができてしまう。情報理論はその説明の一つであるが、その理論の父クロード・シャノン（一九一六―二〇〇一）は実に慎重だった。

「情報」という語は情報理論の一般領域において、実に多様な論者によりさまざまに定義されてきた。少なくともそれら定義の多くは、たしかに研究を進展させるとともに認識を深めることに役立つものとなりそうである。とはいえ、この幅広い一般領域を十分に説明できるただ一つの情報概念を期待するのは難しい。（Shannon 1993, 180：傍点は原著者（原著ではイタリック））

たしかに、機械翻訳の先駆者のひとりであり『通信の数学的理論』の共著者でもあるワレン・ウィーバー（一八九四―一九七八）は、情報の分析には次の三側面があると指摘していた。

（1）シャノン理論で扱われる情報の量に関する技術的問題

（2）意味や真理といった側面と絡む意味論的問題

（3）情報が人間の行動に及ぼす影響やその有効性に関係する問題で、ウィーバーのことばによれば「効果」の問題（これも同様に重要な側面になるとウィーバーは考えていた）

　シャノンとウィーバーは情報の分析から引き起こされる二種類の問題を示してくれていた。まず多様な解釈がありすぎることにより混乱が生じてしまう点である。もう一つは、ときに何の役にも立たない批判の場合すらあるにせよ、情報の考え方自体に関して誤解や誤用があるという批判が再三にわたりなされるという点だ。本書では、誰かが情報について語るとき、どのような意味合いで語られているかが分かるような見取り図を描きたい。この見取り図は、まずデータという概念にもとづき情報の説明を始めるところから描いていこう。残念ながらそのような必要最低限の説明から始めても、賛同をえられない場合はありうる。とはいえ、少なくとも他の接近法よりは紛糾を避けやすいと納得してくれるのではないだろうか。もちろん、概念的な分析を行うにはあるどこかから議論を開始せねばならない。いいかえると、論じる対象の定義が暫定的なものにとどまったまま議論を進めざるをえない場合もあるということだ。ただそれはいわば当然であり、ここでわたしが強調したいことではない。危惧するのは、情報の概念の複雑さが読者をおじけづかせてしまわないかという点だ。問題自体または骨格を暫定的に示すことについてさえ異論が唱えられかねないというのはなんとも嘆かわしいが、情報の概念を整理する作業というのはまさにその段階にある。そこで、「現在地」を示すいわば道しるべを本書のそこかしこに記載することにした。この工夫により情報と絡む諸概念を見取り図上に配置でき、かつ、それらの再修正や再配置を行うことも可能になる。

第1章　情報革命

情報社会の出現

歴史にはたくさんの目じるしがある。季節の循環や惑星の運動による自然的・循環的な目じるしもあれば、オリンピックの開催年、ローマ建国紀元や国王即位からの年数で決められるものなど社会的・政治的・線形的な目じるしもある。さらに、キリストの生誕など、ある出来事を境にした前後の年数といった宗教的なV字型の目じるしもある。ある一時点ではなくある一定期間を指して、その間に影響を及ぼしたある様式（バロック時代）、ある人々（ビクトリア時代）、ある事象（冷戦期）、あるいは新技術（核の時代）にちなんだ名称がつけられる場合もある。ここであげた事例やその他多くの目じるしに共通するのはそれらがすべて歴史的であるという点だ。文字通りそれらはすべて、ある出来事を記録する、つまりは過去に関する情報を集積・伝達するシステムに依存している。記録がなければ歴史はなく、だから歴史は実際のところ情報時代と同義となる。裏返すと、前史とは記録システムが利用される以前の人類の発展期のことをいう。

この見方に立つと、少なくとも青銅器時代以来、人類はいろいろな情報社会に生きてきたと表現してもおかしくない。つまりメソポタミアや他の地域で文字が生み出された時代（紀元前四〇〇〇年紀）からである。それにもかかわらずこの時代を指して情報革命と呼ぶことは一般的ではない。それには色々な説明づけが可能かもしれない。たとえば人類の発展や幸福が情報のライフサイクルを効率よく上手に管理することに深く結びつきだしたのが、極めてごく最近のことに過ぎないためだという説明も成り立つ。これは他の議論よりも説得力がある。

一般的にいうと情報のライフサイクルには次の段階が含まれる。まず発生（発見、デザイン、作成など）、伝達（情報交換、流通、アクセス、検索など）、処理・管理（収集、確認、修正、整理、索引作成、分類、抽出、更新、並べ替え、保管など）、そして利用（観測、モデル化、分析、説明、計画、予測、意思決定、指示、教育、学習など）である。図1ではこれらの関係性を単純化して表した。

さて、図1を時計のようなものに見立ててみよう。情報のライフサイクルが進化を遂げ、情報社会がもたらされるに至るまで相当の時間がかかったのは、何も驚くべきことではない。近年の推定によれば、太陽の温度が上昇することで地球上の生命が滅びてしまうまで一〇億年ある。だからそれより前の一〇〇万年後の未来にいる歴史家のことを想像してみよう。彼女にと

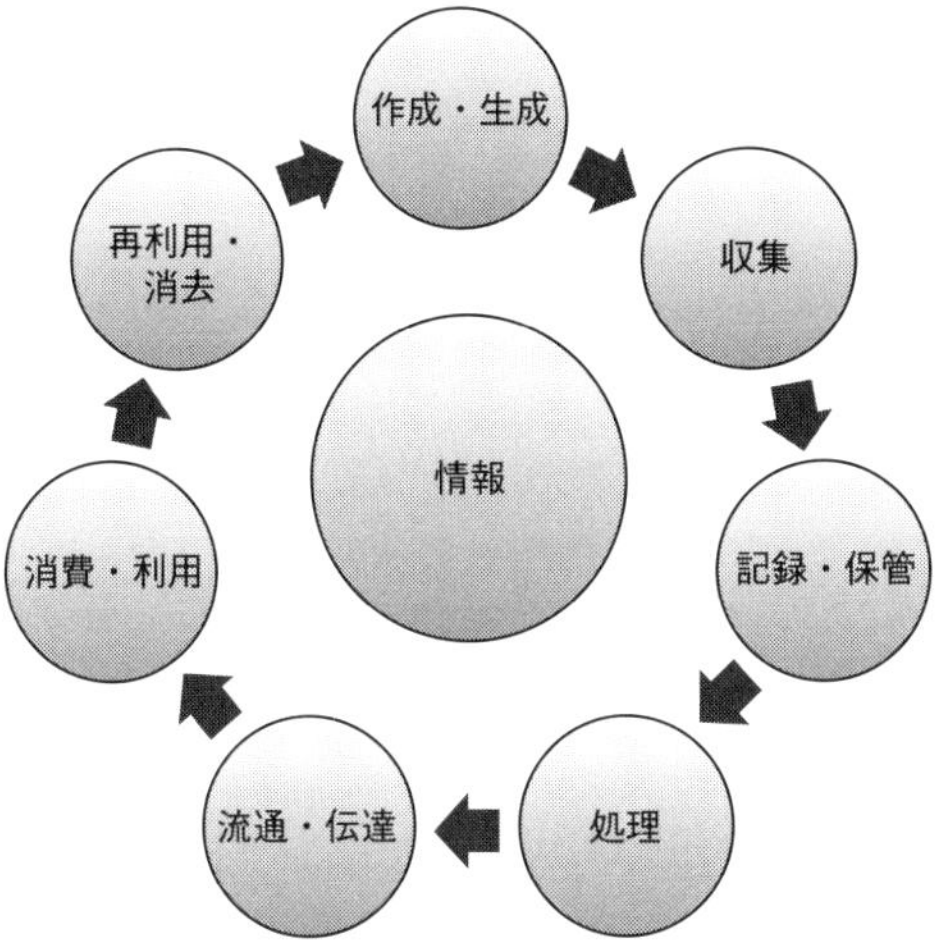

図１　典型的な情報ライフサイクル

ってはそれが当たり前のように映るかもしれないし、さらには、うつくしく調和のとれたようにさえとらえられるかもしれない。つまり農業革命についていえば、その萌芽である新石器時代（紀元前一万年）から成熟に至る青銅器時代までには六〇〇〇年紀の時を必要とし、次いで情報革命が起きるには、その青銅器時代から二〇〇〇年紀末まで新たに六〇〇〇年紀の時を要した、と。この時の流れの中で情報通信技術（ＩＣＴ）は進化を遂げてきた。文字や写本などの主に記録のシステムが生み出され、グーテンベルクの時代や印刷技術の発明以降は特にコミュニケーションのシステムが出現してきた。また特にチューリングマシンの発明やコンピュータの普及以降は処理・作成のシステムが生み出されてきている。このような進化により現代の先進社会は情報を基盤とした社会となり、無形資産、情報集約的なサービス（特に商取引サービス、通信、ファイナンス、保険、エンターテインメントなど）、情報志向の公共部門（特に教育、行政、医療など）に多くを依存するようになっている。たとえばＧ７諸国（カナダ、フランス、ドイツ、イタリア、日本、英国、米国）はすべて情報社会とみなせる。なぜなら各国ともＧＤＰの少なくとも七〇％は無形財から生み出されており、それらは農業・製造業から生み出された物理的な有形の財ではなく、情報に関連した財とみなせるためだ。これら無形の財が機能し、かつ成長を遂げるには膨大な量のデータを必要とするが、同時に膨大な量のデータがその過程で生み出されている。そしてその量はこれまで人類が見てきたものを凌駕してしまっている。

ゼタバイトの時代

二〇〇三年にカリフォルニア大学バークレイ校の情報管理・システム学科の研究者らが推計したところでは、コンピュータが商用化されるまでの期間、およそ一二エクサバイトのデータ――一エクサバイトは10^{18}バイトに当たり、ＤＶＤの画質で換算すると五万年分の映像に相当する――を人類は集積してきたという。一方で、これらの研究者らによる印刷物、フィルム資料、磁気記録媒体、光学記録媒体を対象とした推計では二〇〇二年内だけでも五エクサバイト以上のデータが生み出されていた。これは、米国議会図書館に相当する規模の図書館が三万七〇〇〇館も必要な量である。(1) 二〇〇二年時点の世界人口で計算すると、一人当たり八〇〇メガバイトのデータが生成されていることに等しい。単純にいえば、新生児らはそれぞれ八〇〇メガバイト分のデータをもって世の中に生まれてきたとみなせなくもないわけだが、この八〇〇メガバイトのデータを紙に印字するとしたら三〇フィート（約九・一四メートル）分の書籍となる。これらデータのうち九二％は磁気記録媒体上に保管されており、その大半がハードディスク上にある。これまでにない情報の「民主化」がもたらされているといえ、つまり、以前にもましてより多くの人々がより多くのデータを保有する状況が生まれた。このような幾何級数的なデータの増加傾向は強まるばかりである。より近年の調査によれば、二〇〇六年から二〇一〇年の間に世界中のデータ量は一六一エクサバイトから九八八エクサバイトへと約六倍以上増すという。世界を沈没させかねない津波のようなデータ量であることを表した造語（英語でExaflood）もつくられた。もちろん、この膨大な量のデータにうまく対応できるよう何億台ものコンピュータが常に動かし続けられている。これらコンピュータがさらにデータを生み出す源泉である以上、今後しばらくここまであげてきたデータ量の数値が減ることは考えにくい。そうなると近いうちに、わたしたちはゼタバイト（一〇〇〇エクサバイト）の時代に突入するだろう。(2) この流れは自ずと強まっていくものといえ、わたしたちは困惑せざるをえない。

(1)　米国議会図書館はワシントンD.C.にある世界最大の図書館である。
(2)　二〇二一年現在、わたしたちはすでに数十ゼタバイトの時代にいる。

複雑な心境ともいえるが、少なくとも入り組んだ感情を抱かざるをえない。

この半世紀もの間、ＩＣＴにより世界は大きく、そして後戻りできない形で変容を遂げた。その変容は驚くほどの範囲に及び、かつその速度はすさまじい。一つの見方として、この変容がはっきりと目に見える形で経済的な成長や科学の発展へつながっただけでなく、教育、福祉、幸福、啓蒙といった面にも大きな益をもたらしたと考える立場がありうる。米国商務省や米国科学財団がナノテクノロジー、バイオテクノロジー、情報技術、認知科学を国の重要な研究領域とみなしたことは何も驚くべきことではない。そしてこの情報技術の領域なくして他の三領域が成り立たないことにも注目してほしい。同じようにＥＵ首脳会議において「二〇一〇年までに、ＥＵをもっとも競争的かつダイナミックな知識主導の経済体制」にしていくことが目指された際には、ＩＣＴの広範な影響力が認められていた。

もう一つ別の見方として、ＩＣＴが逆に重大なリスクをもたらし、ジレンマを現出させるとともに、さらには深刻な問いを生むとみなす立場がありうる。現実とは何か、現実に対する既存の理解でよいのか、情報集約的な科学（ｅ‐サイエンス）はどこへ向かうのか、公平な社会をどう実現できるのか（デジタル格差の問題を想起してほしい）、現在・将来世代にわたしたちはどのような責任・義務を負っているのか、グローバル化する世界をどうとらえればよいか、人間と環境との相互的関係はどうなるのかといった問いである。しかしこれら諸問題についての内実や影響を理解しようとしても、ＩＣＴの進展は速すぎるため、わたしたちはその速度に追いつけていない。結果、問題は生みだされ続けるばかりで、その複雑さは増し、影響範囲も拡大しており、事態はより深刻化しているといわざるをえない。

この現状を理解する上で単純なアナロジーが役立つかもしれない。情報社会は概念的・倫理的・文化的な「根」というより、より広く、一気に、そして無秩序な形で広範に伸び分かれていった「枝」をもつ「木」のようなものであると考えてみてはどうだろうか。バランスが悪いことは明らかだが、多くの人々が日常的に経験していることだ。単純な例として、お金を盗むため、あるいは何らかの利益をえるために他人を装って情報を悪用するなりすまし犯罪のことを考えてみよう。米国におけるなりすまし犯罪による経済損失は、連邦取引委員会によれば二〇〇二年だけで約五二六億ドルにのぼり、およそ一〇〇〇万人に影響が及んでいる。このようなリスクは弱い根からなる木のようなもので、上の方は健康でまだ枝が伸びているものの下の方は脆弱で正常な状態といえないかもしれない。必然的に現代の情報社会は、実際に活かすことが可能な情報の哲学を組み立てる作業に迫られている。先のアナロジーにならえば、技術は根元からボトムアップ的に成長し続けているが、むしろわたしたちは情報時代の実態やその特性、（見えにくいけれども）情報時代が示唆するもの、人類や環境福祉に及ぼす影響についての概念的な理解を拡大させ、より強固なものにしていくために、上空からトップダウン的に接近していく時ではないだろうか。それにより、課題が見極められ機会も鮮明になるとともに問題解決の道筋を描きやすくなる。

比較的に静かな時を数千年経たのち、突如として情報社会が世界規模で現れたことにより、この数十年の間にはほとんど予想できなかったようなこれまでにない新たな課題が生じている。「科学および新技術の倫理に関する欧州グループ（ＥＧＥ）」やユネスコがうまくまとめているが、ＩＣＴにより情報の作成・管理・利用、コミュニケーション、コンピュータ資源といったものが極めて重要な課題になってきた。それらは世界を理解する上で、世界と対峙していく上で、さらに自己評価やアイデンティティといった内面的な側面で重要さを増している。いいかえると、コンピュータサイエンスとＩＣＴにより「第四の革命」がもたらされたのだ。

第四の革命

単純化し過ぎかもしれないが、科学はわたしたちの理解を二方向から根本的に変容させる。一つは「外向き」で、世界に関する理解であり、もう一つは「内向き」で、わたしたち自身に関する理解だ。これまで三つの科学革命が起こり、この「外向き」と「内向き」双方に多大な影響を及ぼしてきた。外的世界についての理解に変容が迫られる際、わたしたち自身についてのとらえ方もまた修正を求められる。ニコラウス・コペルニクス（一四七三—一五四三）の登場後、太陽中心説にもとづく天文学は宇宙の中心から地球だけでなく人類をも立ち退かせた。チャールズ・ダーウィン（一八〇九—一八八二）はあらゆる生物が共通の祖先から時を経て自然淘汰により進化してきたことを示したが、同時に生物世界の中心から人類を立ち退かせた。

さらにジークムント・フロイト（一八五六―一九三九）後の現代に生きるわたしたちは、心には無意識の状態があり抑圧の防衛機制が働くことを知っている。そう、わたしたちは宇宙の中心に鎮座するものではないし（コペルニクス的革命）、他の動物世界とかけ離れた特異な存在でもなければ（ダーウィン的革命）、さらには、たとえばルネ・デカルト（一五九六―一六五〇）が仮定していたように、わたしたちの心というものは独立して存在しているわけでも自分自身にとって明晰判明でもない（フロイト的革命）。

この古典的な描写の有用性に疑問を投げかけるのはたやすい。たしかに人間の本質を見直す一連の流れからこれら三つの革命を説明づけたのはフロイトが最初で、かつ彼のとらえ方は利己的なものに偏っていた。しかしここでいうフロイトを認知科学や神経科学に置き換えてみると、重要かつ深遠な何かが人間の自己理解に近年生じているという直観を説明する上で、ここで示した枠組みが依然として有用なものと考えられないだろうか。一九五〇年代以降、コンピュータサイエンスやＩＣＴは外向き・内向き双方に作用し、世界とやり取りする側面だけでなく、わたしたちが自己を理解する側面にも多大な変容をもたらしている。多くの点からわたしたちは単体として存在しているわけでなく、むしろ相互につながっている情報の有機体、つまりは情報有機体（inforg）といえ、究極的には情報から構成された環境、まさに情報圏（インフォスフィア）を生物学的な意味での動作主（エージェント）や造られた人工物と共有している。(3) 情報圏とは、すべてが情報のやり取りにより、情報サービスにより、そして情報という実体により構成された情報環境であり、情報の動作主だけでなく、それらの特性・相互作用・相互関係といったものも含む。仮にこの四つ目の革命を代表する科学者をあげるとするなら、間違いなくアラン・チューリング（一九一二―一九五四）だろう。

情報有機体という概念をSFの世界でいう「サイボーグ化」した人間と混同してはいけない。ブルートゥース搭載のヘッドセットを肉体に埋め込んで歩いて回ることがかしこい行為とは思えない。かしこいという社会的メッセージとは矛盾した事態に陥るからだ。常に通信が待機状態にあるということはいわば奴隷のようなものであり、多忙かつ重要な人物なのであれば代わりに専属のアシスタントを雇うべきだろう。一種のサイボーグになることを人々は望んでおらず、むしろ避けたいことに違いない。また情報有機体の概念は、保管されたDNAから将来的に人体を具現化するといった、遺伝子操作された人間像を志向するものでもない。未来にはそのようなことが実際になされるかもしれないが、少なくとも現状は技術的な意味でも（安全に実行可能か）、倫理的な観点からも（道徳的に許容可能か）、真剣に議論する段階にない。むしろこの第四の革命の特徴は人間という動作主が本来的にもつ情報の特性を浮かび上がらせることにある。これは個人が「デジタルシャドウ」(4)や、たとえばハイド氏の名を語るアカウント、ブログ、ウェブページなどの「デジタル分身」をもち始めたからというだけの話ではない。こういった事実は分かりやすいがゆえに、ICTを単なる強化技術としてとらえる間違いを助長しかねない。真の問題はもっとひっそりと分かりにくい形で存在しており、それは動作主であることが何を意味しているのか、それら新たな動作主が存在する環境はどのようなものかといったことに対し、わたしたちの認識ががらりと大きく変わってきている点にある。ただしその変化とは、肉体に何かすてきな変更を加えることで起きるものでも、ＳＦ的なポストヒューマンの議論であれこれと夢想されているもののことでもない。その変化はより深刻かつ実際的な話であって、現実に対する理解、そしてわたしたち自身に対する理解が劇的に変容することにより生じる変化である。「強化製品」と「拡張製品」の違いを例にしてこのことを説明してみたい。

「強化製品」とはペースメーカー、メガネ、義肢のようなもので、人間工学にもとづき、利用する者の体に装着可能なインタフェイスが備えられている。サイボーグという発想の出発点である。もう一つの「拡張製品」とは異なる世界間でコミュニケーション可能なインタフェイスが備えられているものだ。たとえば、一方に人間が生活を営む場所、つまり外部世界あるいは現実があり、そこに存在する動作主に影響を及ぼす。もう一方には、動き、水で濡れ、石鹸にまみれ、熱く、そして暗い食洗機の世界がある。同様に、水で濡れ、石鹸にまみれ、熱く、

（3）　一般的にagentはそのまま「エージェント」と表記するか「行為者」と訳す場合が多いが、本書ではagentに生物以外の機械をも含ませる場合があり、かつそれが重要な主張となっていること、さらに対となる概念patientが用いられる箇所もあることから、言語学の用語を参考とし、基本的には、agentは「動作主」、patientは「被動者」と訳している。

（4）　オンラインサービス上やデジタル機器内に記録された行動履歴などのこと。

そして暗いだけでなく、回転している洗濯機の世界がある。あるいは、じっとたたずみ、無菌で、石鹸はなく、冷たいが、ときどき明るくもなりうる冷蔵庫の世界がある。これらの機械は思いどおりに動く。なぜなら、それら機械はそれらがもつ特性に沿って外部の環境（現実）を覆い隠し、調整しているからだ。その逆ではない。このことは、人間という動作主がやるのとまったく同じように台所で皿を洗うという目的から、『スターウォーズ』に出てくるC3POのような人造人間をつくろうとする発想がいかにばかげたものであるかを示す理由となる。ここまでの意味合いにおいて、ICTは強化も拡張もしない。むしろICTにより、それら機器類は劇的な変容を遂げている。ICTの側が、（可能な限り分かりやすく）利用者を入口まで誘い、工程が開始されるように、環境を設計しているためだ。このような極端な変化を表す用語はないので、極度に抜本的な再設計が行われることを意味する語として、ここでは're-ontologizing'（存在論の用語で説明しなおすこと）と呼ぶ造語を使う。この造語は、あるシステム（会社、機械、人工物など）を新たに設計・構築・構造化することだけでなく、その本質、つまりは存在を根本から変えてしまうことを指す。すなわちICTは、わたしたちの世界について、単に再設計しているのでなく、「存在論の用語で説明しなおすこと」を、まさに存在論的な意味での再定義を迫っている。たとえば、マウスのたどった歴史を振り返ってみよう(5)。この技術は、わたしたちに適応させてつくられたと同時に、わたしたちにその使い方を教えてくれたといえる。以前、ダグラス・エンゲルバート（一九二五―二〇一三）がわたしに語ってくれたことだが、彼の発明のうちもっとも有名なマウスを改良していた当時、彼は両手が自由になるようにマウスを机の下に配置し足で操作する実験まで行っていたという。ヒューマン・コンピュータ・インタラクション（ＨＣＩ）と対称的な関係にある。

さきほどあげた「製品」の話に戻ろう。食洗機のインタフェイスはボタンパネルで、これを介して機械は利用者側の世界へ入っていく。一方、デジタル空間のインタフェイスは利用者がサイバー空間へ入ることが可能な何らかの入口となる。この単純だが根本的な違いにより「バーチャルリアリティ」「オンライン上」「ネットサーフィン」「ゲートウェイ」といった多数の空間的なメタファーが成り立つ。実際、人々が日常の生活域から情報圏へ移行していくという、これまでにない新たな状況をわたしたちは目の当たりにしている。情報圏が日常の生活域を呑み込もうとしているほどだ。結果、他の情報有機体（可能性は低いが人工的な場合もありうる）や動作主がいる環境下で人間は情報有機体となっていく。わたしたちのようなデジタル移行期に生きるものから子どものようなデジタルネイティブへと世代の交代が進めば、このデジタル移行（e-migration）は完了することになるだろう。そして将来世代は情報圏から切り離されるといま以上に、水を離れた魚のように、剥奪され排除され不利な立場に立たされた感覚あるいは欠乏感を抱くことになるだろう。

（５）https://web.archive.org/web/20200918111823/https://web.stanford.edu/dept/SUL/library/extra4/sloan/mousesite/（アクセス日：2021/06/10）

したがって、わたしたちが現在経験していることは第四の革命といえ、人間の本質や役割が根本から問いなおされる過程にある。現実というものの本質に対する日常的な考え方、つまりはわたしたちの形而上学的なとらえ方が、物質的なモノと作用を重視する唯物論的なものから情報の観点でとらえる方向へと修正されつつある。いいかえるとこれは、物質同士の依存関係が見えにくくなっているという意味で、物質的なモノと作用が非物質化されつつあるということだ（音楽ファイルの再生環境を想起してほしい）。オブジェクト（対象）のインスタンス（具体例化）、つまり、あるモノの具体例（ある音楽ファイルのわたしのコピー）がそのモノの種類／タイプ（わたしの音楽ファイルのコピー元である、あなたの音楽ファイル）と同じであれば、その具体例は当該種類と同じものとみなされる。また、わたしのコピーとコピー元であるあなたのオリジナルなファイルとが相互交換可能という意味において、それらは同一複製物の関係にあると考えられる。物質的なモノや作用という特性が重視されないということは、所有する権利と少なくとも同程度には、利用する権利が重要になってくることを意味する。さらに何かが存在することを示すもの、つまりは存在の基準は、もはや不変なものとはいえない（かつてギリシアでは変わることのないもののみが完全に存在しているといえると考えられていた）。あるいは、存在の基準は知覚の対象になりうるものとももはやいえない（近代哲学では、存在していることを示すには五感を介して経験的に知覚できなければならないと主張されていた）。むしろ存在の基準は、たとえ無形であっても相互関係が成り立ちうる対象か否かということに求められる。在るということは、その関係がたとえ間接的なものだとしても相互に作用しあっているということに等しい。次の例を考えてみよう。

近年、何度も繰り返し生産活動に利用できる他の投下資本と等しく扱えるように、ソフトウェアの取得について、経常費用でなく投資費用として計上するという米国流の考え方に多くの国々が追随しだした。いまや恒常的に、ソフトウェアに対する支出はGDPの増加に寄与している。ソフトウェアは無形である面があるが、（デジタルの）財として認められている。バーチャルなものも重要な投資資産となりうることは割と受け入れやすいのではないだろうか。もう一つ、中国でバーチャルブラック企業と呼ばれた現象も取り上げておこう。そこでは狭苦しい部屋に労働者が詰め込まれ、その中で一日に一二時間、『ワールド・オブ・ウォークラフト』や『リネージュ』のようなオンラインゲームにいそしみ、キャラクター、道具、ゲーム内の通貨といったバーチャル財をつくっているという。それらバーチャル財を他のプレイヤーに売ることができるためだ。ただ本書執筆時点において、『ワールド・オブ・ウォークラフト』のような大規模多人数同時参加型オンラインRPG（MMORPG）のエンドユーザ向け使用許諾契約――商用ソフトウェアをインストールする際に許諾することを求められる契約――では、バーチャル財の売買は認められていない[6]。これはまるで、マイクロソフト社のソフトウェ

（6）現在、少なくとも『ワールド・オブ・ウォークラフト』ではバーチャル財の売買が可能となっている。https://web.archive.org/web/20210227220108/https://us.battle.net/support/en/article/31218（アクセス日：2021/06/10）

ア MS-Word の利用規約で、当該ソフトウェアを利用して作成したデジタル文書を所有することが作成者に認められていないような状況に近い。この状況はより多くの利用者がアバターやゲーム内の資産をつくりあげるのに何百・何千時間も費やすようになっていくにつれ、おそらく変わる。将来世代はデジタル形式で存在する実体のうち保有したいものを継承していくようになるだろう。実際イーベイでは、禁止されていたとはいえ、数多くのバーチャル資産がかつては売られていた。ソニーではより急進的な Station Exchange と呼ぶサービスが開始され、「利用規約等に従い、ゲーム内の通貨、アイテム、キャラクターを利用する権利を［筆者の環境ではドルの単位で］売買するセキュアな手段をプレイヤーの皆さまに提供」していた(7)。このようなバーチャル資産の所有権が法的に確立されれば、その権利が侵害された場合の対応が次の段階として問題となる。そしてこれはすでに生じている問題だ。二〇〇六年五月、ペンシルバニアの弁護士が数万ドルに相当するバーチャルな土地および他の資産を不当に没収されたとしてオンライン上のバーチャル空間である『セカンドライフ』の運営者を訴えた事例があげられる。この流れに沿えば、近所のスーパーマーケットで購入できるペット保険と同じように、アバターに生じかねないリスクを保護する保険がでてくる可能性もあるだろう。再び『ワールド・オブ・ウォークラフト』が好例となる。このゲームは利用者数が約一二〇〇万人にのぼり(二〇〇九年時点)、執筆時点において、世界最大規模のMMORPGとなっていた。ちなみにこの数を各国および属領別人口ランキングに当てはめてみると七一番目となる。利用している人たちは、自身のデジタル資産を築き、増やし、よりよくすることに何十億時間も費やしており、わずか数ドルの保険料でそれら資産を保護できるのであれば喜んで支払うのではないだろうか。

たしかにＩＣＴは新たな情報環境を生みだしており、将来世代は大半の時間をそこで過ごすことになるだろう。たとえば、平均してみるとすでに英国の人々はテレビを観るよりもオンライン上で過ごす時間の方が長くなっている。これが米国の成人になると、一年のうち五ヶ月に相当する時間を情報圏で過ごすようになってきているという。さらに、高齢化が急速に進んでいる。たとえば米国のエンターテインメントソフトウェア協会の統計によれば、二〇〇八年時点におけるゲームユーザの平均年齢は三五歳、ゲーム歴は一三年、最多ゲーム購入者の平均は四〇歳とのことで、また、五〇歳以上の米国人のうち二六％の人々がビデオゲームをプレイした経験がある（一九九九年時点の統計では九％）。

情報圏（インフォスフィア）での生活

見過ごせない例外（例　古代文明における壺や金物、あるいは版木、グーテンベルク以降の書籍）はあるものの、個々に存在する固有のモノにもとづく世界から、それら個別のモノの集合概念である種類にもとづく世界に変わったのは、産業革命を境としている。種類にもとづく

（7）　Station Exchange は二〇一二年現在、すでにサービスを中止している。

世界とは、互いに同一なモノとしてすべてが完全に再生産可能な集合からなる世界であり、個々の違いを判別できない。したがって相互関係が認められる範囲では何の損失もなく置き換えが可能であるため、個々のモノがなくなっても実際上問題とならない。かつて馬を買う際にはこの馬かあの馬を選んでいたのであって定冠詞の the がつく全集合としての馬を選んでいたわけではない。現在、自動車を購入する場合に当てはめるとどうなるだろうか。二台の自動車は実際上同一と考えられ、自動車という集合が具体化された個別の車を買うというより、むしろある型をわたしたちは購入している。たしかにいま、たとえ対象がビルであったとしても、修理することと交換することとがあたかも同じことであるかのように、モノの商品化（コモディティ化）が急速に進んでいる。このような傾向の裏返しとして、情報のブランド化や再所有の動きが見られる。自動車の窓にステッカーを貼る行為は自身のモノが個別の存在であることを主張するための戦いといえるだろう。そうしなければ他の何千とある同じ型の車と完全に同一になってしまうからだ。情報革命はこの傾向に拍車をかけている。ウィンドウショッピングが（マイクロソフト社のOSである）ウィンドウズ上でのショッピング行為になっていくと、その意味が街の通りを練り歩くことでなくウェブの閲覧に変わっていき、それとともに個人がもつアイデンティティの感覚が脅かされていく。代替がきかない唯一の実体である個人としてではなく、わたしたちは他の匿名の実体とともに、大量に生みだされた匿名の実体として、オンライン上で何十億ものよく似た情報有機体と接している。だからこそわたしたちはブログを開設し、フェイスブックやホームページを更新し、ユーチューブやフリッカーに動画像を投稿することで、自分自身を取り戻そうと、セルフブランディングしようと試みているのだ。『セカンドライフ』がファッション好きには楽園に映るのは大変納得がいく。デザイナーやクリエイティブなアーティストにとっては新しく活用しやすいプラットフォームなのだろうが、それだけでなく、自身のアイデンティティやセンスを目に見える記号で表さなければならないと利用者（アバター）が強くプレッシャーを感じるように設計されているからだ。同じように、プライバシーの権利を懸念する社会とフェイスブックのようなサービスが成功をおさめていることとの間に何ら矛盾はない。わたしたちは自身の情報を利用し、さらけだすことで、匿名の存在ではなくなろうとしている。一方でわたしたちは高い水準でプライバシーを維持したいと望む。プライバシーの保護はあたかも貴重な資本を守る唯一の手段に思えるものの、同時にわたしたちは自身のことを公開し、他者から識別可能な個人として自分をつくりあげようとしている。

ここまで描いてきた流れは、情報革命により引き起こされた、より深遠な形而上学的課題の一部に過ぎない。この一〇年あまり、わたしたちは人間という動作主をデジタル環境に進化適応させることと、人間という動作主がデジタル環境をポストモダン的な形で新植民地化してしまうこととの双方を混在させた形で、オンライン上での生活をとらえようとしてきた。だが、これは真実ではない。ＩＣＴはわたしたちの世界を変えているのと同様、新たな現実を生みだしているのだ。「こちら」（アナログ、炭素化合物、オフライン）と「あちら」（デジタル、ケイ素化合物、オンライン）の境目は急速に曖昧になっているが、両者ともにそれぞれ利点がある。デジタルの世界はアナログの世界にあふれでて融合しようとしている。このような現象は近年、「ユビキタスコンピューティング」「環境知能」「モノのインターネット（ＩｏＴ）」「拡張ウェブ」として知られている。

人工物、社会を含む環境全体、日常生活がますます情報化されていくということは、この情報時代以前の生活がどのようなものであったかを理解するのが難しくなるということ（たとえば二〇〇〇年に生まれた人にとって世界はすでに無線化していた）、そして近い将来、オンラインとオフラインの境界は消失することを示している。ＧＰＳの指示に従い車を運転している時、オンラインかオフラインかを問うことは無意味に等しい。より刺激的な表現でいえば、情報圏は他の空間を次第に呑み込みつつある。（急速に迫りつつある）将来、より多くのモノが学習・助言を行う情報実体（ITentities）となり、モノ同士がコミュニケーションしだすだろう。このことを表す好例として（とはいえ単なる一例に過ぎないが）、ＲＦＩＤタグがあげられる。このタグにはデータを格納でき、遠隔でそのデータが検索できるとともに、バーコードのように一意の識別子を与えることができる。極めて小さなタグで紙よりも薄い。人間や動物を含め、この極小のマイクロチップを埋め込めば情報実体を生みだすことができる。これは何もＳＦの話ではない。市場調査会社 InStat の報告によれば、世界全体のＲＦＩＤ生産量は二〇〇五年から二〇一〇年の間で二五倍増加しており、タグの数でいえば三三〇億枚にまでのぼるという。これら三三〇億の情報実体がものすごい数のＰＣやＤＶＤ、ｉＰｏｄ、他の情報通信機器とつながった世界を想像してほしい。こうなると情報圏はもはや「あちら」の世界でなく「こちら」の世界であり、生活に浸透しているといってよい。あなたのナイキのシューズとｉＰｏｄはすでに会話しているのだ。

現状、古い世代の人々は情報空間をログインとログアウトからなるものといまだにとらえている。世界の見方（わたしたちの形而上学）はいまだに近代的あるいはニュートン的なものである。つまりその世界は「死んだ」車、建物、家具、洋服から構成され、それらは相互に作用しあうことはないし、反応もなく、そしてコミュニケーションすることも学習することも記憶することもできない。だが先進的な情報社会においては、オフラインで経験してきたようなことがリアルタイムで「いつでもどこでも」機能するようにあらゆるモノが分散的に遍在し無線化され、「すべてが何らかの」情報と相互に作用しあい反応が返ってくるような環境へと変わりつつある。そのような世界では「人工的に生きている」ような何かとして、まずはそれらのモノを受け入れる必要があるのだろう。この命がないものに命をふきこみ動かそうとする試みは、逆説的に、技術が現れる以前の文化へと目を向けさせてくれる。そこでは究極的な何かのために存在するものとして自然のあらゆる側面が解釈されていた。

このことは、情報の観点から、わたしたちの形而上学、つまりは世界の見方に再構成を迫る。

つまり情報圏の一部として世界を扱うというとらえ方が当たり前のものとなっていくだろう。これは「実在する現実」が、そこにある金属機械と同じように堅固に存在する、映画『マトリックス』で描かれたシナリオのような、反ユートピア的な意味合いからではない。むしろ、発展的かつハイブリッドな意味合いにおいてであり、『攻殻機動隊』で描かれた架空のサイバー都市ニューポートシティをその例としてあげておこう。情報圏は、背後に純粋な「物質的」世界があり、その世界により支えられたバーチャル環境なのではない。むしろ情報圏は、世界そのものとなり、世界は情報圏を形成するものとしてますます情報の観点から解釈・理解されていくだろう。この変化の行きつく先では、もはや情報圏は情報の空間を指し示すものでなく現実自体と同義となっていることだろう。これはいわば情報の形而上学であるが、わたしたちはこの見方を次第に受け入れやすく感じるようになってきているのではないだろうか。

日常生活がこのように変容していく結果、ますます（時間的に）同期化、（空間的に）非局在化し、相互に関連し合う（相互作用する）情報圏でわたしたちは生活を営むことになる。以前の革命（特に農業・産業革命）では、先が見通せないまま、社会構造や建築環境などの面で目に見える変容がもたらされた。情報革命も同様に劇的だ。将来世代が暮らすことになる新たな環境をいま構築しているという事実に真剣に向き合わなければ取り返しのつかないことになってしまう。本書の結論部では、予測できる問題を回避したいのであれば、情報圏の生態学についての検討がおそらく欠かせないことを記したい。しかし残念ながら、情報圏が共用の空間であり、あらゆるすべてにとって保存されるのが望ましい空間であることに気づくためには、時間がかかるし、これまでとまったく異なる教育や感性が必要となる。とはいえ、明白なことを一点指摘しておきたい。それはデジタル格差が隔たりとなり、新たな形態の差別を生むという点だ。情報圏の居住者になれる人となれない人、内部にいる人と外部にいる人、情報強者と情報弱者という格差である。世代間の格差、地理的な格差、社会経済的な格差、文化的な格差が生じ、あるいは拡大するに伴い、このデジタル格差は世界規模で社会の再設計を迫ることになるだろう。この裂け目は社会における亀裂となるため、先進国と開発途上国との差に問題を矮小化することができない。わたしたちは未来のデジタルスラム街の下地をつくりつつある。

第2章　情報のことば

情報は迷宮のように複雑な概念だ。本章では以降の議論を進める上で土台となる汎用的な見取り図を示したい。これから触れていく主な側面については図2にまとめた。それぞれの領域については次章から詳細に見ていくことにする。

以降、この図で示した各項目をたどっていくことになるが、その作業は線形的ではない。とはいえ少しでも分かりやすく議論を進めたいので、随所に基本的な例を示しながら話を展開していくことにしよう。例として用いる架空のエピソードを次に示した。

この日常的なエピソードは(1)、情報についての理解を深める上で多くのことを提示してくれるため、あたかもフルーツフライのように、以降、説明個所の随所で現れる。それではこれから第一段階に入ることにし、まずはデータの観点から情報を定義していこう。

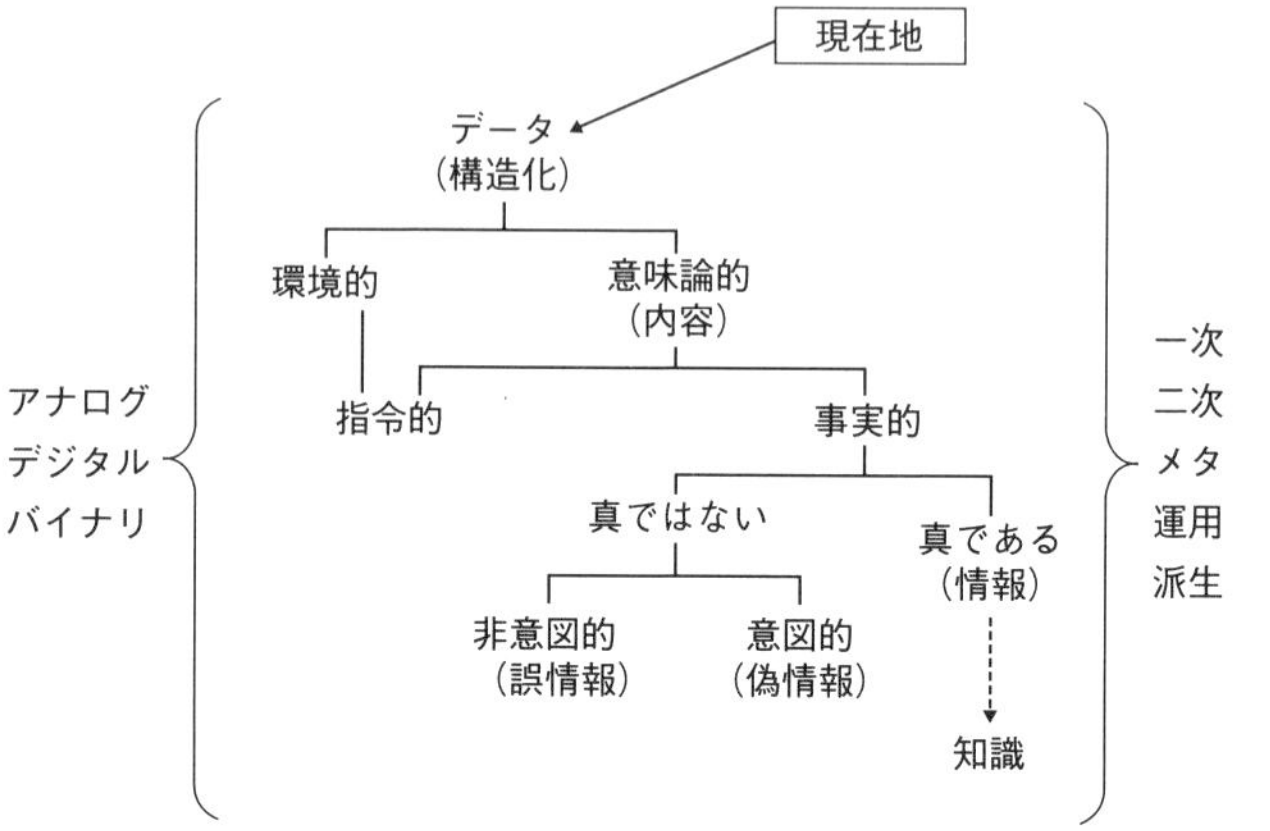

図2　情報概念の見取り図

月曜の朝、ジョンは車のエンジンをかけようとしたが何も起きない。エンジンは音すら立てない。エンジンが静かなことにジョンは心配になってしまう。よくよく見返すと、バッテリーの充電が不足していることを示すサインが点滅していることに気づく。もう少しだけ試行錯誤するもうまくいかず、彼はあきらめ、修理工場に連絡する。電話で彼は、昨晩、車のライトの電源を妻が消し忘れてしまったと説明した。これは嘘で、ジョン自身が消し忘れていたのだが、恥ずかしいので彼は認めたくなかったのである。そうこうしているうちにバッテリーは完全に切れた。修理工は彼に車の取扱説明書を確認するように促す。説明書にブースターケーブルを使いエンジンを始動させるやり方が記されているためだ。幸いなことに彼の必要なものすべてを隣人がもっていた。彼は取扱説明書を読み、図を確認し、隣人と会話し、指示に従い、問題を解決し、最終的に職場へ車で向かうことができた。

表1　情報の一般定義（GDI）

GDI）σが意味論的内容として理解される情報の具体例であるのは次の条件を満たす時かつその時のみである。

GDI1）σは n 個のデータから構成される。ただし n は1以上である。

GDI2）データが論理形式に則っている。

GDI3）論理形式に則ったデータが有意味である。

データにもとづく情報の定義

この数十年ほどで「データ＋意味」という構図でとらえる「情報の一般定義（General Definition of Information: GDI）」が広く受け入れられるようになってきた。ＧＤＩは特に具体化された実体として、つまりは処理可能なモノとしてデータや情報を扱う領域において実際に用いられている（たとえばデータマイニングや情報管理と呼ばれている領域を想起してほしい）。ＧＤＩを端的に定式化すると、三側面から定義できる（表1）。

ＧＤＩ1の定義により、情報はデータから構成されることになる。ＧＤＩ2の「論理形式に則っている」とは選択された系（システム）、コード、あるいは採用された言語を規定するルール（統語論［シンタックス］）に従いデータが正しくまとまっていることを表す(2)。ここでの統語論とは単に言語学的な観点からだけでなく、何かについての形態、仕組、構成、構造化の過程を決定づけるものとして広く理解されていなければならない。

(1) ショウジョウバエあるいは、いわゆるコバエのことだが、ここでは英語圏の名称をそのまま採用した。

(2) 統語論とは表現と表現との形式的な関係をいう。

このような広い意味合いからエンジニア、映画監督、画家、チェス選手、庭師らは統語論について発言する。先ほどの例でいえば、車の取扱説明書にはエンジンをジャンプスタートさせる方法について二次元の図が描かれていたかもしれない。この図の統語論――平行線を集束させることで空間を表現する線遠近法などを含む――によって、利用者はそこに描かれた説明から何らかの意味を読み取ることができる。同じ例でいうと、バッテリーとエンジンを適切に機能させるには正確な方法で双方を接続しなければならない。これもまた正しい物理的な構造という点で統語論である（つまり、接続されていないバッテリーは統語論的に問題だ）。そしてもちろん、ジョンが隣人と交わした会話は英語の文法規則に従っていたわけだが、これが言語学で通常いわれる統語論である。

GDI3において、ようやく意味論が絡む[3]。「有意味」とは選択された系（システム）、コード、あるいは対象となる言語がもつ（意味論的な）意味にデータが合致していなければならないことを表す。繰り返しになるが、意味論的情報とは必ずしも言語に限らない。たとえば車の取扱説明書で描かれた図は読者にとって視覚的に有意味なものとなる。

自然言語のような記号体系でデータがどのように意味や機能を付与しているのかという問いは意味論における難題の一つであり、シンボルグラウンディング（記号接地）問題として知られている。幸いなことに、ここではそれについて深追いする必要はない。ここで明確にすべきなのは、情報を受け取る側に依存することなく、情報を構成するデータは有意味になりうるという点だ。次の例を考えてみよう。ロゼッタ石には同一の文章が古代エジプト語の神聖文字（ヒエログリフ）、民衆文字（デモティック）、そしてギリシア文字という三種類の記法で記述されている。発見される前からすでに、神聖文字は——その意味までは解読されていなかったものの——情報として認識されていた。ギリシア語とエジプト語につながりがあると発見されたことは神聖文字の意味論自体には影響を与えなかったが解読への接近方法をもたらした。ここから、誰かにより表現された有意味なデータが、情報を受け取る側に依存することなく、情報を運ぶ何かに埋め込まれていると考えるのは理にかなっているといえる。とはいえ、知的な作成者または情報提供者とは関係なくデータそれ自体が意味論を有しているとする命題とはかなりの程度で違う。この命題は環境的情報としてとらえられるものだが、その議論に入る前にデータの性質についてもっと理解を深めなければならない。

データについて理解する

データの本質を明らかにするにはデータの消去・損害・損失が意味するところを理解するのが分かりやすい。まず、知らない言語で書かれた本の中身を想像してみよう。ここではデータが象形文字で示されていると仮定する。そこに規則的なパターンが見られるということは、そのデータがある構造化された統語論に準拠していることを表す。この時、わたしたちの手元に

（３）　意味論とは表現とその表現を適用できる対象との関係をいう。

はすべてのデータがあるものの、その意味は分かっておらず、したがってわたしたちは情報をえていない。次に象形文字の半分を消してみよう。データが半分になったという人もいるかもしれない。もしこの作業を続け、最後に象形文字が一つ残された時点で、わたしたちはこのデータが何かを表している、あるいは何かと類似していると思わずいいたくなってしまうかもしれない。しかしここで最後の象形文字も消してしまおう。そこにはただ白紙のページが残されるが、データがまったくないというわけではない。白紙のページがあるということは、単なる白紙のページであることと、何かが書かれている、あるいは書かれていたかもしれないページであることとの間に違いがある限り、一つのデータ（a datum）となる。この点について「暗黙の合意」というありふれた現象と比較してみよう。暗黙、沈黙、あるいは認識可能なデータの欠落は、ノイズが存在することと同じように一つのデータとなりえ二進法におけるゼロに相当する。車のエンジンから何も音がしないことを心配したジョンの例を思い出してほしい。この場合、雑音すらしないことが情報となった。すなわち、ありうる差異のすべてを除去しない限り、すべてのデータを完全に消し去ることはできない。ある一つのデータとは、つまるところ均一性の欠落といえる。この点を強調したのはドナルド・マックリモン・マッケイ（一九二二―一九八七）だ。彼によれば「情報とは、差異を生む特性のことをいう」。グレゴリー・ベイトソン（一九〇四―一九八〇）は、正確さに欠けるものの、この考え方に沿い、有名なことばを残している。「実際のところ、わたしたちがいう情報とは、すなわち情報の基本単位は、差異を生む差異のことである」。より定式的に、差異の観点から[4]、ある一つのデータについて一般的な定義を行うと次のようになる。

単一のデータ（datum）$=_{\text{def.}}$ XとYが異なる状態で、XとYがともに解釈されていない変数であり、かつ、その領域と同様に、その「異なる」という関係性が、さらなる解釈の余地を残している場合のこと。

このデータの定義は、主に次の三つの観点から適用されることになる。

第一に、データは現実世界における均一性の欠落と考えられる。いわば「野放しのデータ」のようなものを表す特定の語はないが、ギリシア語でデータを表す*dedomena*とさしあたり呼ぶことにしたい（なお、英語のdataはユークリッドの著書*Dedomena*のラテン語翻訳が起源である）。ここでいう*dedomena*は本章で後述する環境的情報と混同してはいけない。この*dedomena*は純粋なデータであり、すなわち解釈される前のデータ、あるいは認知的な処理対象となる前のデータだ。それは直接経験されるものではないが、わたしたちのいう情報が成り立つ世界のどこかになければならないものであるから、その存在は経験的に推察されるもの、また経験上必要とされるものといえる。したがって*dedomena*とは世界における均一性の欠落

（4）原文では、ギリシア語で「差異」を意味する*diaphora*にちなんだ表現がなされている。

が、データの――わたしたちのような情報有機体にとってそう思えるものの――根源となるのであれば何でもかまわない（暗い背景に引き立つ赤い光など）。再び第5章でこの点について見ていくが、そこでは、情報には必ず物質性があるとする命題を拒絶する一方で、データがなければ情報は存在しないという命題を受け入れてきた研究者がいることを確認する。

第二に、データはある系（システム）や信号の、少なくとも二種以上の物理的な状態（を認識した状態）間における均一性の欠落と考えられる。バッテリーの充電量の高低、電話で会話時に生じる電気信号の変動、あるいは、モールス符号の短点と長点が例としてあげられる。

第三に、データは二つの記号間における均一性の欠落と考えられる。ラテン文字のBとPという文字が例としてあげられる。

解釈するものの解釈に依存するが、一つ目の *dedomena* は、二つ目のデータと同じ場合もあれば、あるいは二つ目のデータでいう信号を成り立たせるものである場合もあり、さらに二つ目のデータでいう信号は三つ目のデータでいう記号の符号化を成り立たせるものである。

情報は、統語論上の論理形式に則ったデータが生じているか否かに依存する。データは差異が多様な形で起きうるか否かに依存する。情報がなぜ容易にその支持体から切り離されやすいかは、この依存関係にもとづき説明できるだろう。データが符号化される時の、つまりは情報の形式や媒体、言語は特に重要ではなく無視できる場合が多い。たとえば同じデータまたは情報は紙に印刷される場合もあれば画面上で閲覧される場合もあるだろうし、英語で記される場合もあれば他の言語が用いられる場合もあるだろう。さらにいえば、記号あるいは図で、またはアナログの形式でもデジタルの形式でも表現される場合がある。この最後の区別は特に重要なためもう少し説明を加えなければならない。

アナログとデジタルのデータ

アナログのデータ、そしてアナログのデータを符号化・格納・処理・伝送するシステムでは変化を連続的に扱う。たとえばレコード盤は記録された音に等しい機械的な連続量のデータが格納されたアナログ媒体だ。他方、デジタルのデータやそれに関連するシステムでは異なる状態間の変化を離散的に扱う。たとえばオンとオフ、電圧の高・低という状態の変化だ。ＣＤはデジタル媒体だが音の信号をピット（くぼみ）とランド（ピット間の平らなところ）に変換することによりデータを格納している。そこにおいて情報は、単に記録（レコード）されているというより符号化されているといった方がよい。

世界に対するわたしたちのとらえ方はデジタルでもありアナログでもある。デジタルは離散的でザラザラしており、自然数、コインの表裏、週の日数、サッカーのゴール数などがそれにあたる。アナログは連続的でスベスベしており、痛みの強さや喜びの程度、実数、連続関数、微分方程式、波、力場、連続時間などがそれにあたる。コンピュータは通常、デジタルの、離散的な情報システムとみなされるが、二つの理由から完全に正しいとはいいにくい。チューリ

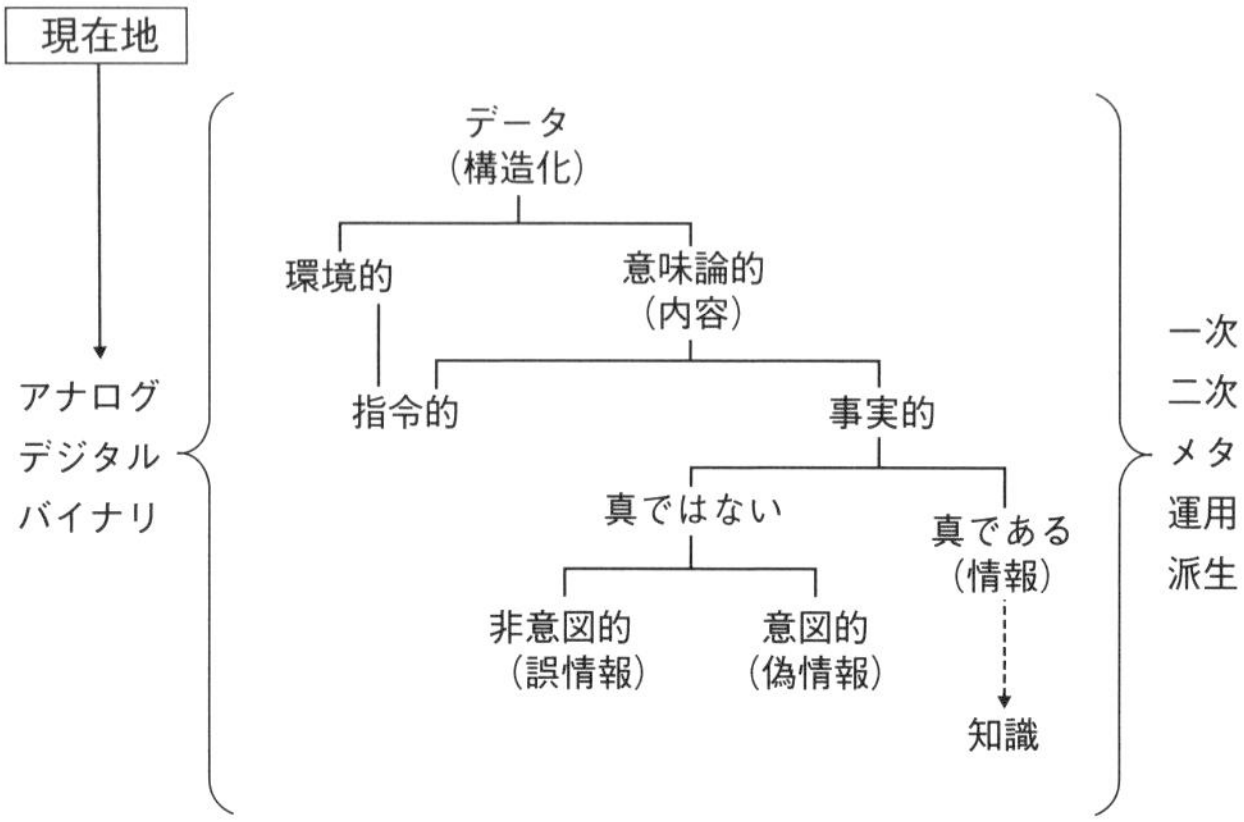

図3　アナログ／デジタル／バイナリのデータ

ング自身が次のように述べている。

> デジタル形式のコンピュータ……は「不連続状態の離散的機械」に分類されるだろう。ある一定の状態から別の状態へ一瞬で移行する機械である。それらの状態間に生じうる混同の可能性は無視しうる程度であり、そこには十分な差異がある。だが厳密にいうと、そのようなコンピュータは存在しない。実際にはすべて連続的に動いている。とはいえ、多くの機械については不連続状態のものとしてとらえた方が分かりやすい。（Turing 1950, 439）

さらにアナログのコンピュータ（計算機）もある。アナログのコンピュータでは連続的に変化する物理現象との相互作用を介して計算が実行される。たとえば日時計で指針の影が示す目盛りの位置、砂時計の砂や水時計の水が規則的に流れ落ちていったおおよその量、振り子が揺れる一定の周期などだ。明らかにこれはある特定の物質を使うことが情報システムをアナログにしているわけでもなければ、ある特定の物理現象に依存することが情報システムをアナログにしているわけでもない。そうではなく、個体・液体・気体など何らかの物質の連続的・物理的な変化を測定することが、その情報システムの変化のさまを直接決定づけているということを表す。あるいは連続的に変化する電圧を利用するアナログのコンピュータもある。チューリングマシン（パーソナルコンピュータの原型）はデジタルのコンピュータだが電気を使う必要は必ずしもない。ともかく、その物理的な特性を前提とし、アナログのコンピュータはリアルタイムで動く（つまり現実世界の時間と一致して動く）。そのためアナログのコンピュータは何らかの事象を観測・制御する際に用いられるが、測定対象となる何かが発生した時とそれを計算する時とが一対一の関係となる（砂時計のことを思い描いてほしい）。しかしまさにその特性ゆえに、アナログのコンピュータは汎用的な目的で用いられる機械とはなりえず、ある特定の用途で必要に応じて用いられる機器として扱われてきた。なお、アナログのデータの利点として耐性が高いことがあげられる。レコード盤はたとえＤＪにスクラッチされたとしても何度も再生可能である。

バイナリデータ

デジタルのデータはバイナリデータとも呼ぶ。バイナリデータ、つまりは二進法で表現されるデータというのは通常ビット（binary digit の略で bit）と呼ぶ二種類の記号の組み合わせで符号化されるためだ。二種類の記号とは0と1という数字のことでモールス符号の短点と長点に相当する。たとえば十進法でいう3を二進法で表すと11となる（表2を参照）。表2にもとづくと、二進法では右から左へ進むにつれ2のべき乗（二乗）ずつ桁があがっていく（つまり十進法で表すと…16＞8＞4＞2＞1という関係になる。なお、1＜2＜4＜8＜16…という順で表すこともできるが、表2では右から左に文字を綴るアラビア語にならった形で記している）。二進法の11を十進法で表すと、表2に照らし合わせて（1×2）+（1×1）=3となり、先にあげた数と同じになることが確認できる。同じように、十進法でいう6を二進法で表すと（1×4）+（1×2）+（0×1）であり、つまりは110となる。

ビットは情報の最小単位である。0または1という信号が存在するか否かに過ぎない。8ビットは1バイトとなり（by eight の略で byte）、このバイト単位の組み合わせで、256（2^8）文字の表を作成することが可能となる。一文字を表すデータは8ビットの組み合わせで格納される。もっとも広く使われているバイナリコードはASCII（アスキー）だ。8ビットのうち7ビットだけが使われ、したがって128文字（2^7）の表となる。たとえばコンピュータがGODという文字を処理する場合、二進法で表記すると010001110100111101000100となる（表3）。

表2　正の整数の表記例

十進法の場合					
	…	$10^3 = 1000$	$10^2 = 100$	$10^1 = 10$	$10^0 = 1$
1個のリンゴ					1
2個のリンゴ					2
…					
6個のリンゴ					6
…					
13個のリンゴ				1	3
…					

二進法の場合					
	…	$2^3 = 8$	$2^2 = 4$	$2^1 = 2$	$2^0 = 1$
1個のリンゴ					1
2個のリンゴ				1	0
…					
6個のリンゴ			1	1	0
…					
13個のリンゴ		1	1	0	1
…					

表3　バイナリデータの符号化例

G	off = 0	on = 1	off = 0	off = 0	off = 0	on = 1	on = 1	on = 1
O	off = 0	on = 1	off = 0	off = 0	on = 1	on = 1	on = 1	on = 1
D	off = 0	on = 1	off = 0	off = 0	off = 0	on = 1	off = 0	off = 0

バイト単位のデータ量は二進法の体系にもとづいて計算される。たとえば、
・1キロバイト（KB）$=2^{10}=1{,}024$ バイト
・1メガバイト（MB）$=2^{20}=1{,}048{,}576$ バイト
・1ギガバイト（GB）$=2^{30}=1{,}073{,}741{,}824$ バイト
・1テラバイト（TB）$=2^{40}=1{,}099{,}511{,}627{,}776$ バイト
などだ。

コンピュータ内のランダムアクセスメモリー（ＲＡＭ）では、切りのいい数でなく、このような正確なデータ量で処理がなされている。

データを符号化するうえで二進法は少なくも三つの点で役立つ。第一に、ビットという単位が意味論的にも（正または誤を意味する）、数理論理学的にも（1または0を表す）、そして物理学的にも（例　トランジスタのオン／オフ、回路の開／閉、電子回路の電圧の高／低、ディスクまたはテープの状態が磁化／非磁化、ＣＤの場合はピットの有／無）、うまく表現できるという点があげられる。いいかえれば、意味論、数理論理学、物理学、電子回路工学、情報理論が合流可能な素地がそこに認められる。

このことは第二の利点を示している。つまりビットを物理的に識別でき、その識別にもとづく論理的な動作ができ、だからこそわたしたちが意味を見出せる形でデータを処理できる機械が構築可能となる。この事実は重要だ。人々がコンピュータに見出そうとしている知能とやら

を眺めてみると、それは間違いなく、バイナリデータの違いで判別する機器や回路の性能がテーマとなっている。もしコンピュータがすべてを認識できるといえるのであれば、そこには電圧の高低という差があるはずで、それにもとづき回路が動くようプログラムが組まれていることになる。この点は奇妙なことに生物系においてもいくらか当てはまるのだが、それについては第６章で見ていきたい。

第三の利点はデジタルのデータが通常二種類の状態をもつことに起因する。そのような離散的な変化量のおかげでコンピュータは処理されるべきことをほぼ正確にこなす。アナログの機械ではしばしば不十分で不正確な挙動が生じやすい。デジタルの機械ではデータが不完全であると識別することが可能だ。デジタルの機械であれば、処理対象のビット量が文字通りおかしい場合、データ損失が生じていると判別し、数学的な計算にもとづきそのデータを復元することも可能である。

データまたは情報の種類

情報は、複数の種類が異なるデータから構成される。統一的な用語はなく定まってもいないが、五つに分類されることが多い。それらは相互排他的な分け方でなく、厳密な分類としてとらえるべきものでもない。同じデータであっても、状況や分析方法、採用される観点に応じて異なる分類がなされるかもしれない。

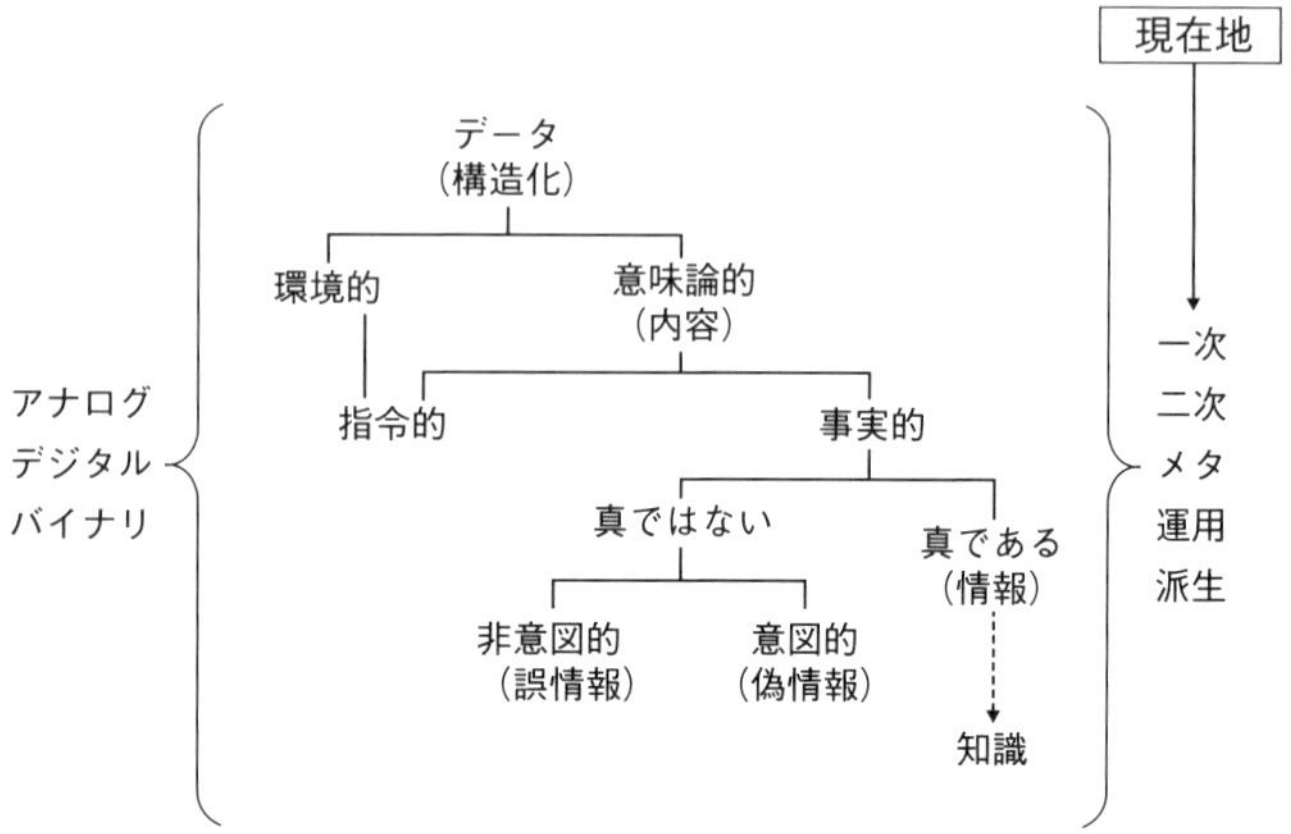

図4　データまたは情報の種類

一次データ

一次データとはデータベースに格納された主要なデータのことをいう。たとえばスプレッドシート内の単純な数値列、あるいは0と1からなる文字列があげられる。先の例でいえば、車のバッテリーの充電状態を知らせてくれるような情報管理システムが、その情報を最初に利用者へ伝達することになるデータを思い浮かべてほしい。一般にデータという場合、またそれらデータで構成された情報に言及する場合、そこで示唆されているものはこの一次データまたは一次情報のことである。バッテリー残量が残り少ないことを表示する赤い光は一次情報を運ぶ一次データの具体例ととらえられ、スパイが使う秘密のメッセージなどではない。

二次データ

二次データは一次データの反対で、データがないことで成り立つ。再びバッテリーの残量がないことをジョンが疑いだした状況に立ち戻ろう。そう、エンジンから音が出ていないことが、バッテリーが切れているかもしれないという二次情報をもたらしてくれたのだった。これはまるで短編小説「白銀号事件」において、シャーロック・ホームズが本来吠えるはずの番犬が静かだったという不自然さに気づくことで事件を解決していく話に似ている。たしかに、静かなことがまさに情報になる場合がある。これは情報の特性といっていい。その欠落こそが情報となる。これは二次情報について言及される時に強調される点だ。

メタデータ

他の（普通は一次）データの特性について指示するデータをメタデータという。メタデータは、たとえば所在、形式、更新状態、入手可能性、利用制限などの特性を記すものだ。同じようにメタ情報とは情報の特性についての情報である。車の取扱説明書に記された著作権に関する注記がその単純な例となる。

運用データ

運用データとはそのデータの系（システム）全体の運用状況やその結果に関するデータのこ

とをいう。同じように運用情報とはある情報の系（情報システム）の動態に関した情報のこととなる。例として黄色い光を放つ部品が備えられた車を想像してみる。そして、その黄色い光が点滅している状態は、車のチェックシステムが故障していることを表すとしよう。実際に黄色い光が点滅しているならば、バッテリー残量が少ないことを示す機能（赤い光の点滅機能）が正常に作動していないことを示しているのかもしれない。そうだとすると、赤い光が点滅しているからといってバッテリーが切れているとはいえなくなってくる。

派生データ

派生データとはあるデータから抽出可能なデータのことをいう。あるデータから直接説明可能なこと以外の事項について、そのデータから間接的に何らかのパターンやヒントを導き出したり、あるいはそのデータから推論できる証拠を探ったりする場合に生じるデータのことである。この派生データを正確に定義するのは難しいので分かりやすい例をあげておこう。クレジットカードが派生情報の痕跡を残すことは広く知られている。ジョンのクレジットカード明細書からはある特定のガソリンスタンドで給油したことが分かるわけだが、ここからジョンがその時点でどの辺にいたかという派生情報をえることができる。

ようやくここまでの作業により、次の環境的情報について見ていく準備が整った。

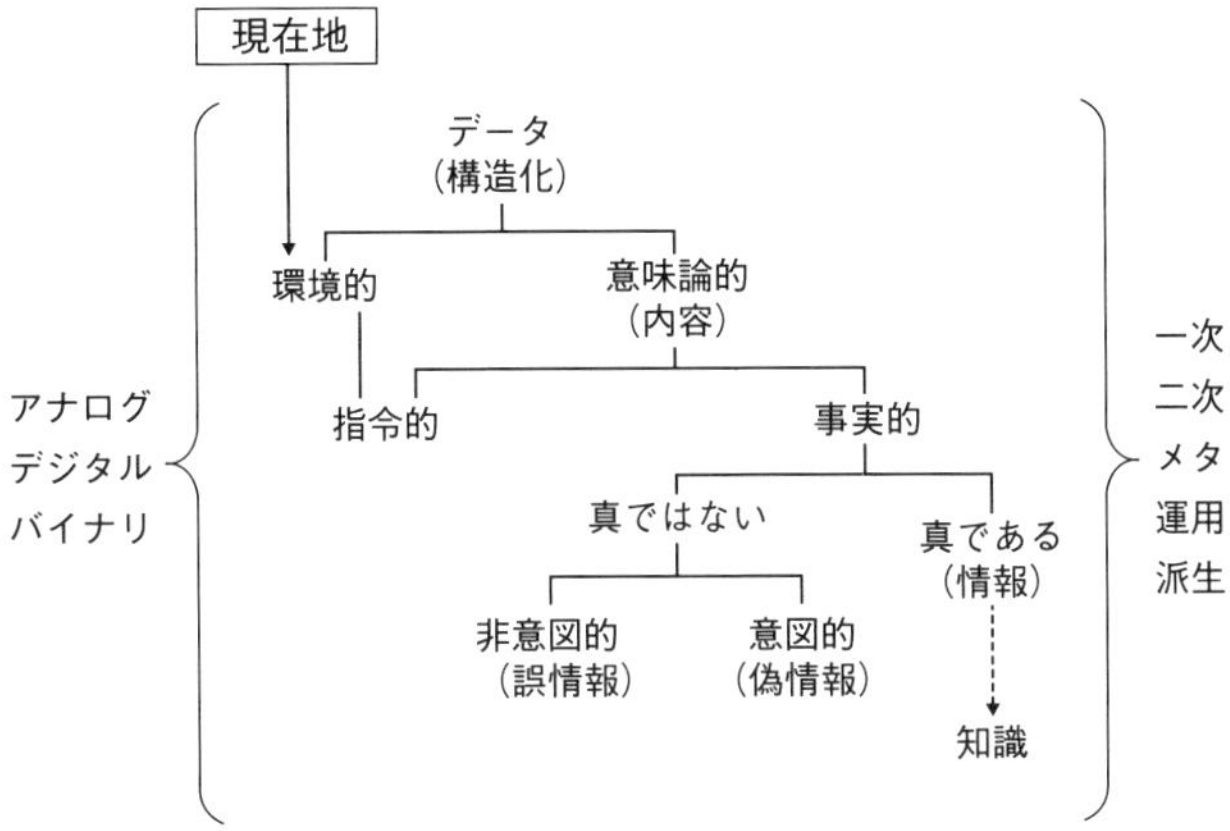

図５　環境的なデータまたは情報

環境的情報

知的な作成者または情報提供者の存在とは無関係に、データが有意味である可能性が強調される時、わたしたちは環境的情報について言及していることになる。環境的情報の例としてよく引き合いにだされるのは木の断面に確認できる同心円状の模様で、樹齢の推定に使われる、いわゆる年輪だ。テレビドラマシリーズ『ＣＳＩ　科学捜査班』の視聴者は、弾道、血痕、臓器損傷、指紋、他の類似証拠に慣れ親しんでいることだろう。だが環境的情報とは、なにも自然なものに限らない。例に戻ると、ジョンがエンジンをかけようとした時、バッテリー残量が少ないことを示す赤い光が点滅していた。この人工的な信号も環境的情報の具体例として解釈できる。このような環境的情報は通常、元のデータそのものでなく、この環境的情報に頼らざるをえない観察者（情報有機体、ま

表4　環境的情報

環境的情報 $=_{\mathrm{def.}}$ 二つの系（システム）aとbがあると仮定し、aであることがF（という種類または状態）であることと、bであることがG（という種類または状態）であることとが相関関係にあるという点からaとbが結びつけられることにより、aの観察者へbがGであるという情報がもたらされること。

たは情報を受け取る側）との相対的な関係性から定義づけがなされる。つまり環境的情報には二つの系（システム）が必要となる。それらをaとbと呼ぶことにしよう。さらにこのaがある特性Fをもつという事実と、bがある特性Gをもつという事実は相関関係にあり、そのような形でaとbは結びつけられると想定する。この場合、二つの特性に結びつきがあるということから観察者にはbがGであるということが伝わる。このことを表4にまとめた。

表4の相関関係はある規則やルールに従う。自然な環境的情報の例としてリトマス染料を思い浮かべてみよう。リトマスは地衣類からえられる染料で、酸性であれば赤に、アルカリ性であれば青に色が変わることから、酸性・アルカリ性の判定試験で用いられる。環境的情報の定義に従うと、リトマス染料（a）と試験結果（b）はリトマス染料が赤色に変化した（aがFという状態である）ことと、その試験結果が酸性を示すものである（bがGという種類である）こととが相関関係として結びつけられることにより、その試験結果が酸性である（bがGである）ということがリトマス染料（a）の観察者に情報として伝達されることになる。ジョンの車の話は人工的な環境的情報の

例となる。そこではバッテリー残量が少ないという表示（a）が点滅していた（F）ことにより、バッテリー（b）が切れそうな状態にある（G）ことについての情報がもたらされていた。

わたしたちはバッテリーが切れているという情報を伝達しているものとして、バッテリーの残量が少ない表示を見ること——つまり点滅している赤い光はバッテリー残量が少ないと意味すること——にすでに慣れ親しんでいるかもしれない。この観点に沿うと、環境的情報と意味論的情報とを明確に切り分けるのは難しい。とはいえ強調しておきたい大切な点は、環境的情報には意味論が必要ない、あるいは意味論と絡ませなくてよいということだ。環境的情報は単に物理的な差異として理解される、相互に関連したデータのパターンやネットワーク関係として成り立つ。たしかに植物、動物、機械（たとえばヒマワリ、アメーバ、光センサ）は、たとえ有意味なデータを意味論的に処理する過程がなくても環境的情報を実際に利用する能力を有している（詳細は第６章で述べたい）。

意味論的内容としての情報

データが論理形式に則り、有意味であれば、そのデータは意味論的内容[5]（セマンティックコンテンツ）ともいえる。意味論的内容としてとらえられる情報は指令的なものと事実的なものの二種類に分けられる。先の例でいえば、赤い光の点滅は次の二つの意味合いから意味論的内

（５）　指令(的)は、directive や prescription の訳語であることが多いが、本書では instruction(nal) の訳語として使った。

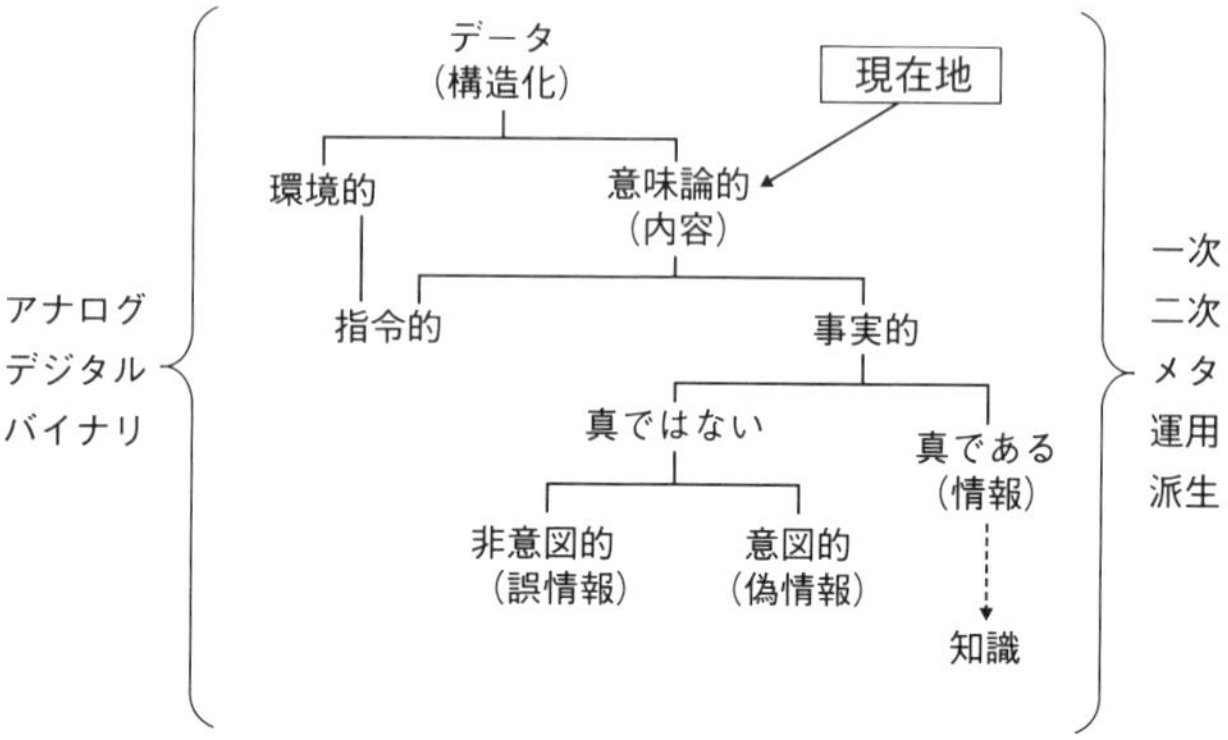

図6　意味論的内容としての情報

容へ翻訳可能となる。

（a）ある特定の動作に必要なものごと（残量がなくなったバッテリーを充電すること、または取り換えることなど）を伝える指令的な情報の一部として

（b）そのバッテリーの残量がないという事実を表す事実的な情報の一部として

第4章では（a）（b）について主に扱う。そこで、本章の残りでは（a）に絞って説明する。

指令的な情報は意味づけが必須か否かに応じて、それぞれ、環境的情報の一種か、もしくは意味論的内容の一種となる。たとえば、コンピュータのマザーボードにある論理ゲートは単に電圧をかけるものだが、わたしたちは指令的な情報（論理演算命令）という観点から、たとえばif文（もし……ならば……せよ）の形式で電圧の変化を解釈する。この場合、論理ゲートのレベルでは意味論は介在しない。逆に車の取扱説明書では命令的に（レシピの形態であれば、最初にこれをやる、そして次にこれをやるなど）、あるいは条件付きで（推論的な手順の形態であれば、もしそのようなものだとしたらこちらをやる、そうでなければあちらをやるなど）、意味論的な指令的情報が提示されている。

環境的か意味論的かにかかわらず、指令的な情報とは、状況や事実、あるいは事象の状態 w に関する情報ではない。むしろそれは状態 w を引き起こす（ことに寄与する）ことについての情報である。「やかんの水がわいた」ということと、電気やかんの中に組み込まれた発熱体に電気を流し、その電気回路が壊れるくらいにまでバイメタル金属を加熱し、その加熱により蒸気が沸きあがる処理過程とを比較してほしい。前者は事実的な意味論的情報である一方、後者は指令的な情報として解釈できる。先の例でいえば、修理工がジョンに充電済みのバッテリーを空のバッテリーにつなぐよう電話で伝えた時、ジョンが受けた情報は事実的なものではなく指令的なものである。環境的な指令的情報については生物学的な情報を扱う第６章でまた振り返りたい。ここでは引き続き、意味論の側面に絞って見ていくことにしよう。

意味論的な指令的情報の例としては、文脈にもよるが、条件づけ（「ｘの値を３とする」または「遺伝子工学的にユニコーンを生みだすことを想定してみる」など）、招待（「大学主催のパーティへ参加いただけないでしょうか」など）、命令（「窓を開けろ！」など）、指令（「箱を開けるためには鍵を回せ」など）、ゲームの一手（チェスのオープニングを E2–E4、C7–C5 で[(6)]

（6）　シシリアンディフェンスと呼ばれる定跡。

開始することなど）といったものが考えられる。曲の楽譜（紙媒体）やプログラムのデジタルファイルもまた、指令的情報の典型例と位置づけられる。このような意味論的な指令的情報の例は、少なくとも情報と認められ有意味になりうるものでなければならない。さらに、ことばを用いて何かを行う、行為遂行的な文脈も想定できる。たとえば、命名すること（例「いまからこの船を *HMS The Informer* と呼ぶ」）[7]、プログラミングすること（例　変数のタイプを指定する場合）があげられる。こういった場合、事実的（記述的）情報が指令的な内容を帯びる。

ハリーポッターの読者からすると、この二種類（指令的と事実的）の意味論的情報は、魔法の世界では融合していると思われたかもしれない。魔法の世界において、xについての意味論的表現は指令的な力をもつとともにxをコントロールできるようになる。このような呪文はハリーポッターの冒険世界ではうまく機能するが、現実世界ではそうならない。いずれにせよわたしたちは、指令的情報の真偽を正しく判断することなどできないということを意識しておかねばならない。たとえば「同じ電圧のバッテリーを使え」という情報が真であるかどうかを問うのはばかげている。同じように、条件づけ、招待、命令、指示、ゲームの一手、ソフトウェアなどもまた真偽判断の対象とはならない。

意味論的な情報は宣言的あるいは事実的なものとなる。時刻表や銀行の取引明細書、診療報告書、図書館は明日閉館と書かれたメモなどの事実的な情報はその真偽を判断できる。この事実的な意味論的内容というものが情報を理解する上でもっとも一般的かつ重要な形態といえる。なぜなら知識には真である意味論的内容としての情報が欠かせないためだ。この点は極めて重大なため第４章全体で扱う。ただしその前に、有意味であること、あるいは真であることを問う必要のない情報概念について、しっかりと整理しておかなければならない。次章では通信の数学的理論または情報理論として知られている考え方に注目していこう。

（７）　ＨＭＳは His/Her Majesty's Ship（国王／女王陛下の船）の略。

第3章　数学的な情報

　直観的にいって、情報がもつ特性のいくらかは定量化可能である。ブロードバンドのネットワークでは一秒間に伝送可能な最大情報量が決まっている。コンピュータのハードディスクには限られた量の情報しか格納できない。より一般的にいえば、物理的な信号など、定量的に情報が符号化・伝送・保管されることにわたしたちは慣れ親しんでいる。わたしたちはまたビスケットや硬貨のように追加できるものとして情報をとらえている。もしあなたに「情報a」+「情報b」を与えるなら「情報a+b」を与えたことになる、というように。さらにわたしたちは、負（マイナス）に決してならないものとして情報をとらえている。確率や利率のように情報はゼロ以下にはならない。わたしの銀行口座やオックスフォードの気温とは違う。先の例を思い出そう。ジョンが隣人に尋ねた時、最悪のシナリオは、何の返答もえられないか、あるいは誤った返答をえる場合だろう。その場合、ジョンにとって新たな情報は何ももたらされていない。

情報の量的な特性については数学的な接近法から多数の研究がなされ、多くの成果が蓄積されてきた。そのうち、通信の数学的理論（*The mathematical theory of communication*: MTC）がもっとも重要で、広く知られており、これまで多大な影響を及ぼしてきた。確率論から分岐したこのMTCという名称はクロード・シャノンの重要な著作名からきている。もちろんシャノンはベル研究所の同僚や研究者らによる先行研究の重要性を認識していたけれども、彼により情報の数学的研究領域は開拓され、主要な成果が多数残されてきた。シャノンの業績ののち、MTCは情報理論としても知られるようになった。現在、シャノンは「情報理論の父」と位置づけられており、MTCが扱う類の情報のことをシャノン流の情報と呼ぶ場合も多い。だが「情報理論」という用語はたしかに魅力的ではあるけれども、適切な名称とはいえない。誤解を生み続けかねないためだ。シャノン自身も情報理論という語が普及してしまったことを嘆いていた。そこでわたしは、このような文脈で情報理論という用語を使わないことにしたい。

MTCはデータの符号化・伝送と絡む諸現象を説明づける理論だ。MTCはさまざまな情報の研究に大きな影響を及ぼしてきたといえる。実際、MTCで示された専門用語は広く普及しているし、あるいは少なくとも議論の起点となる概念枠組みとしてMTCは位置づけられてきた。したがって、このMTCの要点を把握しないことには情報の本質が理解できたとはいえな

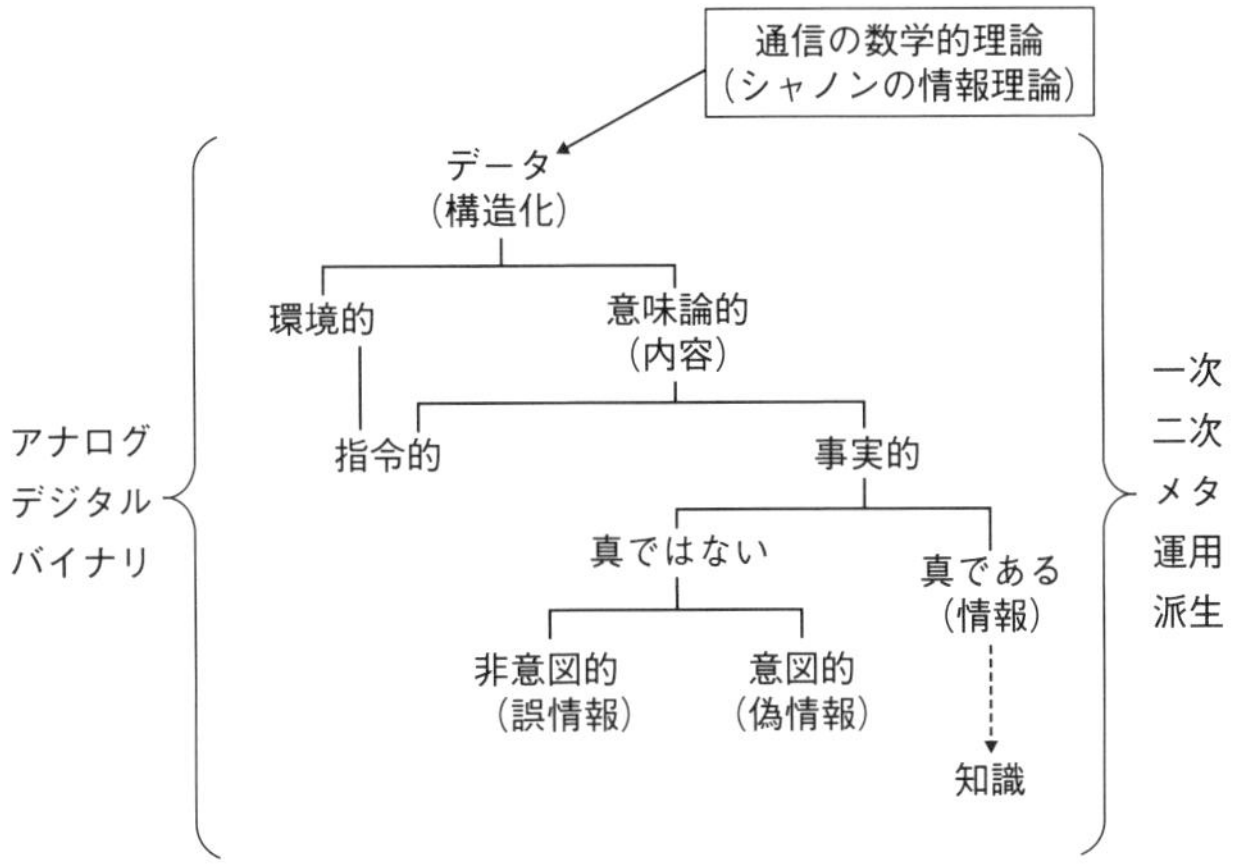

図７　通信の数学的理論（MTC）

い。本章ではこのＭＴＣについて整理する。

通信の数学的理論

ＭＴＣではデータ通信として情報を扱う。主たる目的は効率的なデータの符号化・伝送方法を開発することだ。もともとは通信の限界に関する研究として電気工学で取り組まれていた領域で、定量的に情報を扱う接近法が生み出されてきた。

この接近法を直観的に理解するため、またジョンの例に立ち返ろう。そう、ジョンは修理工と電話越しに会話をしていた。図８ではジョンが「情報を送る側」、修理工が「情報を受ける側」で、「バッテリーが切れた」という意味のメッセージがジョンから送られた関係を表す。そこでは言語（ここでは英語）を介して符号化（エンコーディング）・復号化（デコーディン

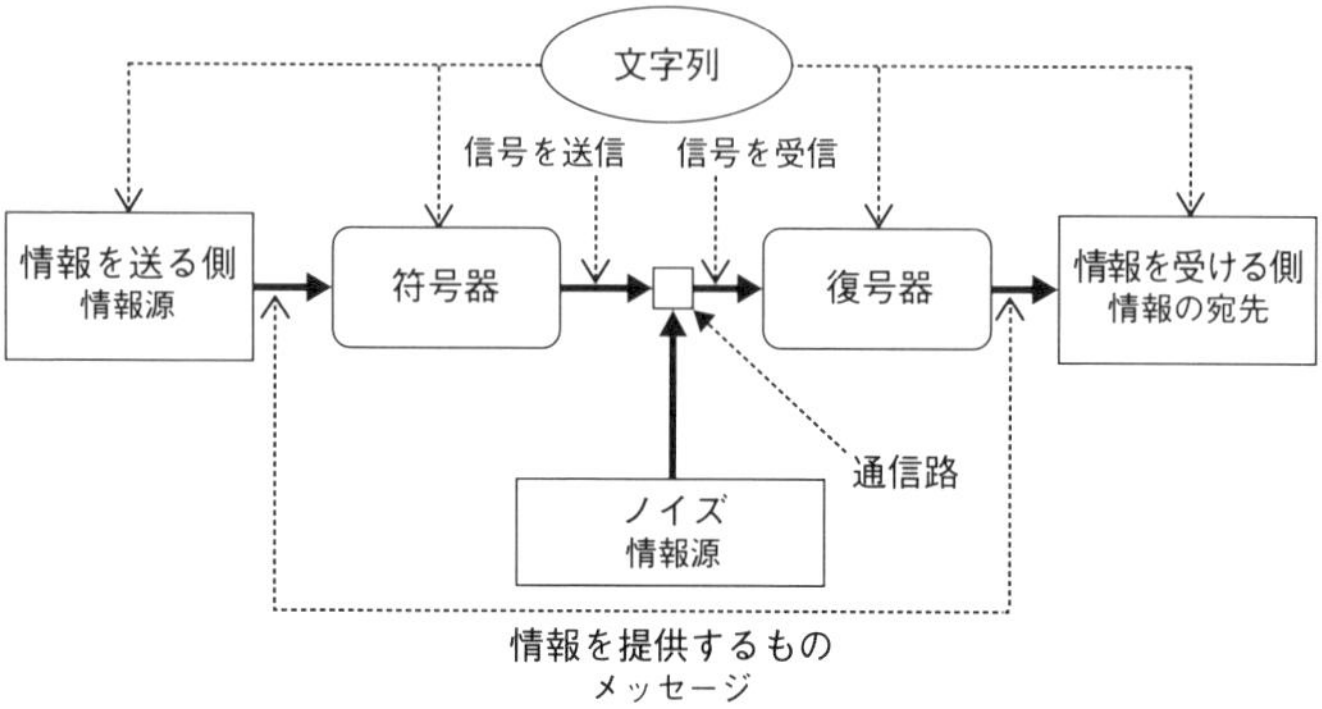

図８　通信モデル

グ）が行われるとともに、通信路（電話というシステム）と、さらに多少のノイズ（送られていないにもかかわらず受信した不要なデータ）が存在している。なお、そこでは使用される記号の集合（ここでは厳密にいうとアルファベットの文字列で、この例では英語）について、「情報を送る側」と「情報を受ける側」の双方が同じ背景的知識を共有していることが前提となる。ＭＴＣは図８で示された各資源をいかに効率よく利用するかということと関係する。さて、ジョンと修理工との会話はかなり現実に近い設定で、単純な例とはいえないため話を進めにくい。そこで代わりに（非常につまらない機器ではあるが）ある一つの記号のみ生成可能な機器があると仮定しよう。エドガー・アラン・ポー（一八〇九―一八四九）はあらゆる問いかけに対して‘Nevermore’とだけ返す大鴉《おおがらす》の詩を書いている[1]。このポーの大鴉を単項装置（ただ一つの要素からなる装置）と呼ぶ。さて、ジョンが修理工場に電話をし、ポーの大鴉がそれに返答するという状況を想像してみよう。まずこの基本的な構図にシャノンの単純な通信モデルを当てはめてみる。明らかに大鴉（単項装置）が生みだす情報量はゼロだ。単純に考えても、ジョンはすでにやり取りの結末を知っている。彼が何を尋ねようと返答は常に“Nevermore”だ。たとえば「バッテリーを充電すればよいのだろうか？」といった形で表現される、彼の分かっていない状態は、少しも改善されない。そして彼がどのくらい分かっていないかという側面とは関係なく、たとえば「わたしでも修理できそうでしょうか？」「車を修理しに来てもらうことはできますか？」などと大鴉に対して何を質問しようが、そこに違いは生じない。大変興味深いことに、これはプラトンの有名な対話篇『パイドロス』で、書かれた文字からもたらされる意味論的情報の価値が疑問視された箇所を思い起こさせる。

［ソクラテス］じっさい、パイドロス、ものを書くということには、思うに、次のような困った点があって、その事情は、絵画の場合とほんとうによく似ているようだ。すなわち、絵画が創り出したものをみても、それは、あたかも生きているかのようにきちんと立っているけれども、君が何かをたずねてみると、いとも尊大に、沈黙して答えない。書かれた言葉もこれと同じだ。それがものを語っている様子は、あたかも実際に何ごとかを考えて

（1）ここでは次の訳文を参照した。エドガー・アラン・ポー「大鴉」『ポー詩集　対訳』加島祥造編、岩波書店、一九九七、一四〇―一六一頁。

いるかのように思えるかもしれない。だが、もし君がそこで言われている事柄について、何か教えてもらおうと思って質問すると、いつでもただひとつの同じ合図をするだけである。それに、言葉というものは、ひとたび書きものにされると、どんな言葉でも、それを理解する人々のところであろうと、ぜんぜん不適当な人々のところであろうとおかまいなしに、転々とめぐり歩く。そして、ぜひ話しかけなければならない人々にだけ話しかけ、そうでない人々には黙っているということができない。あやまって取りあつかわれたり、不当にののしられたりしたときには、いつでも、父親である書いた本人のたすけを必要とする。自分だけの力では、身をまもることも自分をたすけることもできないのだから。(2)

プラトンが見抜いていたように、単項の（ただ一つの要素からなる）発信元はあらゆる問いかけに対し常に単一のメッセージしか返さない。そこに沈黙、または沈黙というメッセージ――沈黙もメッセージであることは第2章で確認済みだ――は付随しない。このように考えると、完全に沈黙している発信元は単項の発信元とみなせる。また、発信元を沈黙させること（検閲）は発信元の情報をなきものとするひどい手段と考えられるかもしれない。よく知られているのは、情報の発信元が何の情報ももたらさない単項装置と位置づけられてしまう、（状況がどうであれ常に同じメッセージを繰り返し発する）おおかみ少年の例だろう。

次に二種類のメッセージを生みだすことが可能な二項装置について考えてみる。たとえば公正なコインAを例にすると、表という記号が出る確率と裏という記号が出る確率は等しい。つまり｛表，裏｝という集合だ。あるいは「マタイによる福音書」五章三七節を例示すると、「あなたがたは、「然り、然り」「否、否」と言いなさい。それ以上のことは、悪から生じるのだ」[3]。コインを投げる前、情報を受ける側（たとえばコンピュータ）にとって、その装置がどちらの記号を実際に生じさせるかは分からない。つまりゼロよりは大きいものの、データは不足した状態にある。シャノンはこのようなデータが不足している状態を指して「不確実性」という用語を用いた。この用語には心理的なニュアンスが強く含まれてしまうため、数式を使わない文脈では誤解を生みかねない。「不確実性」という用語を使いたくない場合もあるだろう。ここではいずれにせよ、情報を受ける側が単純な機械である状況に立ち返ると、心理的あるいは精神的な状態について考える必要はまったくない。コインが投げられると、生起確率が等しい二種の記号のいずれかが結果として生じうるという関数にもとづき、機械はある量の情報を生みだす。その情報量は機械が取り除くデータ欠損の量に等しい。これを情報の一単位（１ビット）とみなす。もう少しだけ複雑だが、公正なコインAとBの二つからなるシステムについて考えてみよう。このABシステムでは〈表・表〉、〈表・裏〉、〈裏・表〉、〈裏・裏〉という四つの結果が生みだされうる。各組み合わせを〈□・□〉という記号で示したが、この四つの組み

(2) 訳文は次から引用。プラトン『パイドロス』藤沢令夫訳、岩波書店、一九六七、一六六頁。
(3) 訳文は次から引用。『聖書　聖書協会共同訳』日本聖書協会、二〇一八。

表5　コミュニケーション装置と情報量の例

装　置	生起確率が等しい記号の数	一つの記号がもつ情報量（ビット）
ポーの大鴉（単項）	1	$\log(1) = 0$
1枚のコイン（二項）	2	$\log(2) = 1$
2枚のコイン	4	$\log(4) = 2$
1個のサイコロ	6	$\log(6) = 2.58$
3枚のコイン	8	$\log(8) = 3$

合わせでデータ欠損が生じる。Aシステムである一つの記号が生起した場合よりも、ABシステムで組み合わせ記号〈□・□〉が生起した場合の方が、データ欠損をより多く取り除くことができる。いいかえると、各記号は別の記号をより多く取り除くことで、より多くの情報をもたらすことになる。たとえば、さらにコインを追加し、データ欠損が八つの組み合わせで生じる場合、ABCシステムの各記号〈□・□・□〉がもたらす情報量はさらに増す関係にある（表5）。

基本的な考え方は、欠損データ（シャノンがいう「不確実性」）の減少という点で情報を定量化できるというものだ。一枚のコインは1ビット、二枚のコインは2ビット、三枚のコインは3ビットの情報量を生みだす。残念ながら、現実のコインには常にバイアスがかかっている。実際にどのくらいの情報量が生まれたかは有限の回数コイントスを行い、実際に記号が生起した度数を測るほかない。もし無限にコイントスが行われると仮定すれば、情報量はそのコインの表裏の生起確率に依存する。公正なコインと比較してわずかにバイアスのあるコインでは、ゼロより大きいものの1ビットよりは少ない情報量が生みだされることになるはずだ。大鴉は何ら情報を生みだしていないが、それは'Nevermore'という文字列が生起したところで、情報量がゼロであるためである。すなわち'Nevermore'という文字列が生起する確率は最大値となっており、完全に予測可能なためだ。同様に、バイアスがかかったコインから生み出される情報量は表と裏が生起する確率の平均に依存する。どちらかがより多く生起するのであれば、その通りの結果が出たと伝えられても驚きは小さくなり、全体の情報量も少なくなる。コインが常にどちらかの記号にしかならないほどバイアスがかかっていると、大鴉やおおかみ少年のように情報は生成されなくなってしまう。

ここまで、定量的な接近法についてごく簡単に見てきた。この接近法が符号化理論、つまりは暗号、データ伝送、ストレージ技術の根幹となる。MTCにおいては、記録・伝送可能な信号としてデータを効率よく暗号化するための符号化と通信路が研究対象であった。このうち、通信分析とメモリ管理の双方で重要な役割を担う二つの概念、冗長性とノイズについて次に触れておきたい。

冗長性とノイズ

実際上、よい符号化とは多少冗長なものである。冗長性とは、あるメッセージの物理的な表現と、必要最低限のビット量が用いられた数学的な表現との間の差のことをいう。たとえばデータの圧縮技術は、写真画像などのデータ量を減らすために冗長性を削減する。とはいえ、この冗長性は常によくないものと限らない。あいまい度――データは送信されたが受信されていないこと――とノイズをうまく処理できるという点から冗長性は役立つ。ノイズを帯びたメッセージには元のメッセージ以上のデータが含まれるが、通信上のやり取りは確実なものでなければならず、送信者から受信者へ元のメッセージが正確に伝送される上で、データが増加してしまうことはあってはならない。もし、ある程度の冗長性をもたせることにより、物理的な通信過程や通信環境で引き起こされる、不可避的なノイズとあいまい度をうまく処理することができるのならば、正確なメッセージを伝送の完了時点で再構築しやすくなる。ノイズは、情報を受ける側からするとメッセージを解釈する際に選択の自由が広がる要因になるけれども、これは好ましくない自由であり、ある程度の冗長性が含まれることで逆にその自由に制約をかけることができているともとらえられる。だからこそ、ジョンの車の取扱説明書には説明文とともに（やや冗長的に）それと同じ情報を伝える図の双方が含まれていたといえる。

通信の数学的理論が示唆すること

通信の数学的理論（ＭＴＣ）にもとづくと、情報とはひとまとまりの記号群からある一つの記号を選ぶことに過ぎない。単純に、ＭＴＣではどのように情報を定量化しているかというと、情報の発信元が伝えていることを判断するのに必要な二択の質問（はい／いいえ）の数を考えると分かりやすい。公正なコインが投げられた結果を判断するには一つの質問で十分だ。したがって、1ビットの情報が生みだされたといえる。二枚の公正なコインの場合、〈表・表〉、〈表・裏〉、〈裏・表〉、〈裏・裏〉という四つの組み合わせが結果としてありうることを先に見た。この場合、少なくとも二つの質問が必要となり、情報量は2ビットとなる。このように考えると次の二点が明瞭となる。

第一に、MTCは日常の感覚でいう情報の理論ではないという点だ。MTCにおいて情報とは技術的な意味をもつものでしかない。MTCの観点でとらえれば、同確率で生起する「はい」という回答には同じ情報量が含まれることになる。「バッテリーは切れていますか？」あるいは「わたしと結婚してくれないか？」など対応する質問がどのようなものであってもこれは同様だ。また、ある発信元から同じ確率で本書またはブリタニカ百科事典全巻のいずれかが送られてくることをあらかじめ分かっていたとしよう。そして実際にいずれかが届けられるとかなり異なるデータ量を受け取ることになるわけだが、しかしそれでも、MTCの用語でいえばいずれであってもそのこと自体は1ビットの情報量でしかない。一九四四年六月一日、BBCはポール・ヴェルレーヌの詩「落葉」の一節「秋の日の　ヴィオロンの　ためいきの」を放送した。(4)(5)これは1ビットよりも少ない情報量が含まれた暗号文で、D－デイの侵攻開始が迫っ

(4)　訳語は次から引用した。上田敏『海潮音　上田敏訳詩集』新潮社、二〇〇六、五九頁。

(5)　第二次世界大戦末期に行われた連合国軍の北フランス上陸作戦（ノルマンディー上陸作戦）についての話である。

ているかという質問に対して「はい」と回答しているようなものだった。追ってBBCは次の節「身にしみて　ひたぶるに　うら悲し」を放送している。これもまたほとんど意味をなさない文字列だが、1ビットほどの情報と考えられるものだった。というのも、上陸作戦はただちに実行されるかという質問に対して「はい」というまさに待ち望まれた回答内容だったためだ。ドイツの諜報機関はこの暗号について把握しており、メッセージを解読してベルリンに通報さえしていた。だが最高司令部はノルマンディーに駐留する陸軍第七軍へ警告をださなかった。シャノン的なとらえ方に従えば、ヒトラーはすべての情報をえていたにもかかわらず、そのわずかなビット量からなる二件のデータがもつ重要性を理解できなかった（あるいは信じなかった）といえる。MTCのとらえ方に沿うと、各文字が均等に配置された、つまりは完全に無作為な形で各文字が配列された文章こそが最大の情報量を示すということになるが、この結論にもはやわたしたちは驚かない。MTCにもとづけば、タイプライターの鍵盤をでたらめに叩いた猿はたしかに大量の情報を生みだしたことになる。

第二に、MTCが——無意味ということではなく、まだ有意味ではないということだが——意味を含まない情報の理論であるため、また情報から意味を差し引いたものがデータである（つまり、「情報－意味＝データ」の）ため、確率論の一部をなすこの理論を表すには「情報理論」というより「データ通信の数学的理論」と呼ぶのがふさわしいという点だ。これは単にラベル名の問題にとどまらない。意味論的内容としての情報は「データ＋問い」とも表現できる。

たとえば「月は地球にとって唯一の衛星である」という文があったとしよう。この意味論的内容を二分することは容易で、たとえば［月は地球にとって唯一の衛星ですか？＋はい］など、［問い＋二者択一の回答］の形に変換できる。最大でも1ビットの「はい」を引くと意味論的内容が残る。この意味論的内容は、その真偽を指し示すものがすべて取り除かれている。すなわち意味論的内容は、正しい回答でまだ飽和されていない情報のことだ。(6)「はい」というデータを入れると、それがキー（手段）となり、問いに含まれていた情報が引き出される。MTCでは情報をいわばこのデータキーとして扱い、情報の符号化と伝送を研究対象としてきた。いいかえればMTCでは、情報を受ける側にあるまだ飽和されていない情報が飽和されるのに必要な信号、メッセージ、メモリ空間として情報がとらえられてきた。ウィーバーは正しく指摘してくれている。

確かに通信理論においては、情報という言葉は、実際に何を言うのかということよりも、何を言うことができるかということに関係している。すなわち、情報とはメッセージを選択するときの、選択の自由度のことなのである。(7)

（6）ここでいう飽和とは、語用論で使われる言葉であり、意味を補って明確にしていくことをいう。
（7）訳文は次から引用。ワレン・ウィーバー「通信の数学的理論への最近の貢献」『通信の数学的理論』植松友彦訳、筑摩書房、二〇〇九、二四頁。

MTCでは論理形式に則った信号により符号化された未解釈の記号から成り立つメッセージを扱う。それらは意味論的情報を構成するデータに過ぎず、まだ意味論的情報ではない。そのためMTCは統語論レベルでの情報の研究を行う領域として語られてきた。コンピュータは統語論的な装置である。だからこそ、MTCはICTに広く適用されてきたといえる。

エントロピーと乱雑さ

シャノン流の情報はまたエントロピーとしても知られている。このラベル名は分かりにくいが、二〇世紀を代表する偉大な科学者のひとりジョン・フォン・ノイマン（一九〇三―一九五七）がシャノンにすすめたといわれている。

二つの理由からそれをエントロピーと呼ぶべきである。第一に、熱力学においてその機能が同じ名称で使用されているためだ。第二に、より重要なことだが、エントロピーが実際に何なのかを大半の人々が知らないためである。もしエントロピーという語を議論で使えばあなたは常に勝つ。(8)

残念ながらフォン・ノイマンの説明はいずれも正しいことが証明されてしまった。ノイズがない理想的な通信路を仮定すると、エントロピーは次の三種類の量の尺度となりいずれも等しい。

（a）情報を送る側により生みだされる記号単位の平均情報量

（b）情報を送る側の出力が確認される前の、その出力に相当する、情報を受ける側にあるデータ欠損（シャノンがいう不確実性）の平均量

（c）これらに相当する、同じ発信元がもつ潜在的な情報量つまりは情報エントロピー

エントロピーは（a）であり（b）でもある。いいかえれば、ある特定の文字を選ぶことにより、情報を送る側は自動的に情報を受ける側にデータ欠損（不確実性）の状態をもたらすが、次いで何らかの情報が提供されることで、程度の差はあれ、情報を受ける側は満足をえる（解決する）。質疑応答型のゲームを思い浮かべてほしい。もし単一の公正なコインを使うのであれば、すぐに1ビットのデータ欠損があることに気づく。つまりコインが表か裏かが分からないので一つ質問しなければならないためだ。二枚のコインを使う場合、少なくとも二つの質問をしなければならなくなるためデータの欠損量は二倍になる。だが大鴉を用いる場合、データの欠損量はゼロとなる。わたしがもつ空のグラスに入る容量（前述のb）はそのグラスを満杯にする容量（前述のa）に等しい。もちろん、エントロピーにより定量化された情報について

（8）参照文献にあげられているGolan（2002）でもこの部分は引用箇所となっており、かつ出典が明記されていない。おそらく次からの引用と思われるが、表現が多少異なる。Tribus, M. & McIrvine, E. C. 'Energy and Information,' *Scientific American*, 225(3), 1971, 179-188.［該当箇所は180］。

話すことに意味があるのは、確率分布を特定することが可能な場合に限る。

次に（c）についてだが、MTCでは質量やエネルギーのような物理量として情報を扱う。情報の分析と統計学的なエントロピー概念の公式とが近しいことはすでにシャノンが論じていた。エントロピーに関する情報概念と熱力学的な概念は、確率と「乱雑さ」という概念に絡む。「乱雑さ」という表現は「無秩序」という表現よりも適切だ。というのも前者は統語論的な概念である一方、後者には意味論的な要素が強く含まれており、つまり、わたしがかつて一〇代のころに両親を説得しようと試みていたように、解釈の次元と結びつきやすいためだ。エントロピーはエネルギーや情報を生む処理過程や系（システム）における乱雑さの量を表す尺度である。可逆性の指標としてもとらえられる。もしエントロピーに変化がないのであれば、その処理は元の状態に戻せる。しっかりと体系化・整理されたメッセージのエントロピーや乱雑さの度合いは小さく、シャノン流の情報量も少ない。したがってデータの欠損量も小さくゼロに近くなりうる（大鴉の例を思い出してほしい）。逆にある文字体系における記号の潜在的な乱雑さの度合いが高くなればなるほど、その装置から生みだされる情報のビット量はより大きくなる。エントロピーは一様分布である場合に最大値となる。すなわち、アイスキューブと水が入ったグラスはアイスキューブが溶けだした水入りグラスのエントロピーよりも小さい。バイアスのかかったコインは公正なコインよりもエントロピーが小さい。熱力学においてはエントロピーが大きいほど有効エネルギーは小さくなる（第5章）。これは、エントロピーが高い状態はエネルギー不足も大きいことを意味するが、ＭＴＣにおけるエントロピー概念についても当てはまる。つまりエントロピーが高い値を示す場合はデータの欠損量も大きい。フォン・ノイマンはやはり正しかったのだ。

本章では情報の定量的な概念について整理した。ＭＴＣは論理形式に則ったデータの処理・通信という問題へ数学的に取り組む上での基盤となる。それらが有意味な場合、そのデータは意味論的内容を構成する（第２章）。さらに意味論的内容が真である場合、それらは意味論的な情報と位置づけられる。次章では本書で扱う諸概念の中で、いわば女王のような存在である意味論的情報について論じたい。

第4章　意味論的な情報

ジョンと修理工とが会話をしている場面に戻ろう。通信の数学的理論（ＭＴＣ）では電話越しのデータ交換をどのように実現するかが分析対象となる。ＭＴＣにおいてはジョンと修理工とがどのようなことを会話していたかに関心は向けられない。それは天気の話だったかもしれないし、車のブレーキ故障についてだったかもしれないが、いずれにせよＭＴＣでは検討対象外である。これはＭＴＣにおいて情報が確率現象として理解されているためだ。ＭＴＣで中心となる問いは、ある通信路を介し、そしてある任意の文字体系を用いて、まだ解釈されていないデータを効率よく符号化・伝送できないか、またどのくらい効率よく符号化・伝送できるかというものだ。ＭＴＣでは交換される情報の意味、関連性、適合性、信頼性、有用性、解釈といった側面に関心が向けられることはない。むしろ、交換された情報を構成する、まだ解釈されていないデータの詳細や出現頻度に焦点が当てられる。つまり、シャノンがいう情報と意味論的情報には違いがあり、それはテニスの試合中に確認される物理法則をニュートン力学にもとづき記述することと、ウィンブルドンの決勝である同じ試合をコメンテーターが解説することとの違いに似ている。両者はたしかに関連しているが、問題はどれほど密接に関連しているかだ。この章では意味論的な情報の定義について見ていく。次いで、意味論的な情報である何かが表すものについて、これまでいくつかの観点から説明づけが試みられてきており、それらの接近法を探っていきたい。さらに、それらの接近法に影響を及ぼす二つの重要な問題、バー＝ヒレルとカルナップのパラドクスおよび演繹のスキャンダルについて取り上げ、それらがどのように解決可能かを示すことにしよう。

事実的な意味論的情報

意味論的内容には指令的なものと事実的なものの二種類がある。前者の例としては、ジョンが電話越しにエンジンを起動させるためにブースターケーブルをどのように使えばよいか聞いていた場面を、後者の例としては、バッテリーが切れたとジョンが修理工に伝えていた場面を思い出してほしい（第2章）。しかし意味論的内容と意味論的情報のいずれもが事実的なものであった場合、両者を分かつものは何だろうか。再びジョンが嘘をついていた場面を思い返してみよう。ジョンは修理工に対して妻が車のライトを消し忘れたとしゃべっていた。本当はジョンが消し忘れていたのだけれども。さて、ジョンは修理工に情報を提供したといえるだろう

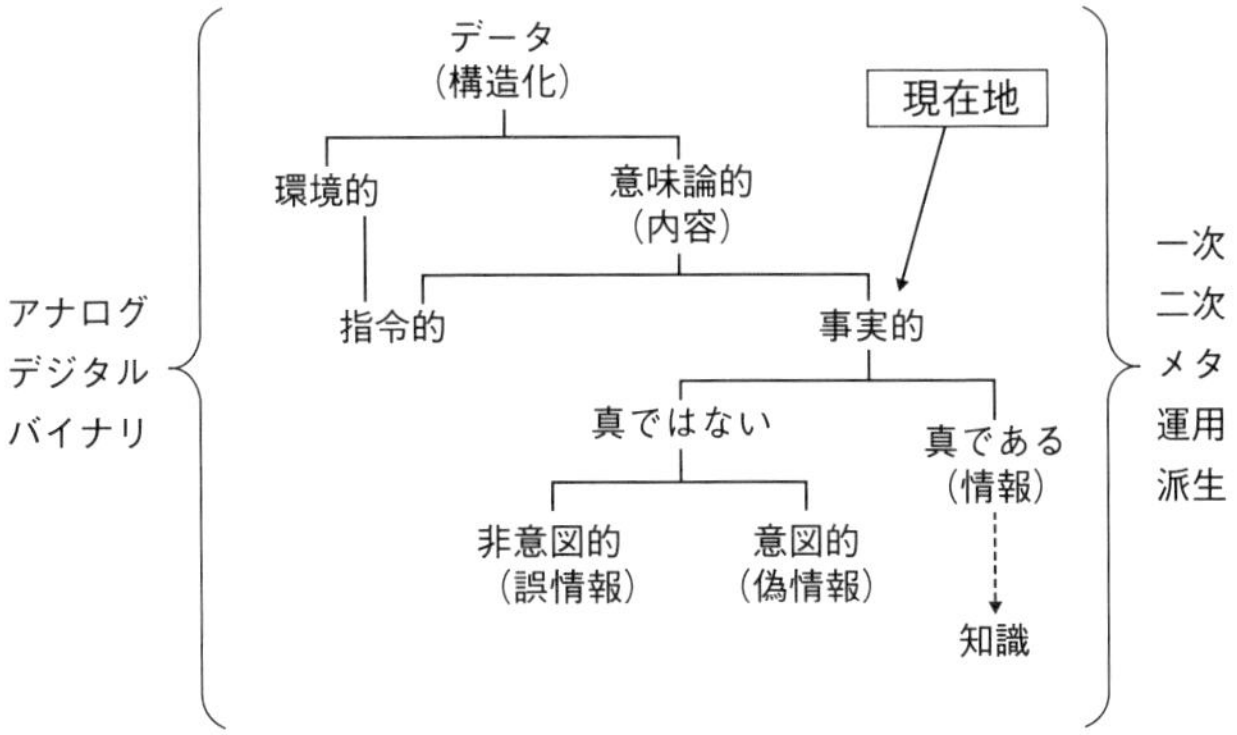

図9　事実的な意味論的情報

か。厳密にいえば、ジョンは偽のストーリー、別の表現では、ありうるかもしれない状況に関して意味論的内容を提供したとみなせる。ところが実際にはこの意味論的内容は真理ではないため修理工には情報は与えられていない。より定式化した形で意味論的情報を定義しておこう。

表6の定義［Def］は、これまで蓄積されてきた議論にもとづき、一般的に合意されている内容を反映したものだ。この定義に従うと事実的な意味論的情報とは、厳密にいえば本質的に真理で構成されたものであって不確かな真理を伝えるものではない。事実的な意味論的情報は知識のようなものであって、たとえば真理値とは無関係な信条や信念のことではない。意味論的情報はまさに知識と同じように真理を包含しているものだ。修理工には正しく情報が与えられていなかった。つまり、ジョンの妻が車のライトを消し忘れたと知らされていたが、それは真理ではない。一方でジョ

表6　事実的な意味論的情報

定義［DEF］p が論理形式に則り、有意味で、事実と一致する（veridical）データにより構成されている場合かつその場合に限り、p は事実的な意味論的情報とみなされる。

ンの車のバッテリーが切れたということも伝えられていたが、これは真理であるため、修理工は正しい情報を知らされていた。すなわち事実的な意味論的内容（第2章の表1で示したGDIの定義を参照）と、事実的な意味論的情報との違いは、後者が真理でなければならないのに対して前者は虚偽である可能性を含む点にある。なお、定義［DEF］では真理（true）のデータというより、事実と一致する（veridical）データと表現したことに留意してほしい。論理形式に則った有意味なデータの文字列やパターンは、自然言語の文となる場合もあるが、当然のことながらそれだけでなく、数式・地図・図表・映像など多様な物理的符号で形成された記号体の場合もあるだろう。こういったものを想定すると、真理というよりは、事実と一致するという表現が適切かと考えた。

定義［DEF］はいくつかの点で役立つがここでは三点指摘したい。第一に、虚偽の情報が本来的な情報とはいえないという事実を定義［DEF］は明瞭に示している。虚偽の情報について話すということは、たまたま虚偽となる文を口にするということとは違う。虚偽の情報について話すということは、友人ではないにもかかわらず、ある人物を（誤って／偽って）友人とみなすことと同じようなものだ。定義［DEF］に従えば、意味論的内容が誤っている場合、これは誤情報とみなすことができる。誤情報の発信元がその性質に気づいている場合、たとえばジョンが修理工へわざと嘘をついていたようなことがあげられるが、これは偽情報についてで話をしているとみなせる。誤情報も偽情報も倫理的に非難されるべきことだが、目的をはたす上ではうまく機能する場合があるかもしれない。例に戻ると、修理工には問題を引き起こした要因について偽情報がもたらされていたものの、それでも修理工はジョンに適切な助言を与えることができていた。似ているが、情報であってもうまく機能しないこともありうる。たとえば、ジョンが修理工に彼の車が単に故障しているとだけ伝えた場合を思い浮かべてみよう。

第二に、定義［Def］は事実的な意味論的情報と知識を堅固にかつ直観的に結びつけてくれる。知識は意味論的情報を包含しており、意味論的情報は真理を包含している。したがって知識は真理を包含しているといえ、この関係はマトリョーシカ人形のようなものだ。知識と情報は同じ概念体系に属している。この家族的類似性という側面とは別に、前者にあり後者にないものは、他のものごとを説明する一部になりえるという複雑な相互関係性だ(1)。仮に知識が粉々になり大量の真理が山積みで示されたとしたら、あるいはバラバラな情報が無作為に並べられたリストしか残されていないとなれば、わたしたちは向かい合う現実を理解できなくなってしまう。そのような関係性のネットワークを構築・再構築していくことにより、情報が認識可能

(1)　家族的類似性とは、家族全員に共通する性質はないがそれぞれ似ているといったような複雑な類似性の網の目のことをいう。

な世界の全体像をわたしたちにもたらし始める。いくらかの情報が利用できるようになれば、それら意味論的情報の理解にもとづき何らかの説明づけが可能となるという点で知識が構築されていく。ジョンはバッテリーが切れていることを理解したが、これは単に彼が正しく類推したからということではなく、バッテリー表示の赤い光が点滅しているという視覚情報、エンジンからはノイズすら聞こえてこないという聴覚情報、さらに車が始動しないことに対して抱いた全体的な印象を正しく結びつけて考えたためである。このような観点からしても、意味論的情報は科学的な研究を進める上で重要な起点となる。

第三に定義［Def］は、本章の最後で扱うが、いわゆるバー＝ヒレルとカルナップのパラドクスを解く上で重要な役割を担う。ただしその議論に入る前に、ひとまず何かが情報を伝えるということの意味するところをわたしたちは押さえておかなければならない。あれこれと考えられるが、つまるところ意味論的情報がおおむね有益である場合とは一体どういうことなのか、そしてこの「おおむね」という程度を厳密に定量化することは可能なのかということについて見ていこう。

情報の有益さに関する分析

意味論的情報の有益さに関する議論では、ＭＴＣと大きく二つの点で異なる接近法が取られている。一点目は意味論的内容として情報を説明できないかと考える接近法で、次のような問いが立てられてきた。「何かが情報としてとらえられるのはどのようにしてか？」「なぜ情報としてとらえられるのだろうか？」「ある何かについての情報を何かが伝えているとして、それはどのようになされているのだろうか？」「どのように意味論的情報は生成・流通しているのだろうか？」「誤り・真理・知識と情報はどのように関連づけられるのだろうか？」「情報はいつ有用なものとなるのだろうか？」。二点目の接近法でも同様に、メッセージなどの何かが有益な情報になることの意味を理解するために、意味論的情報と、情報関連の他の概念や認識・心理的な現象に関するより複雑な概念とが結びつけられてきた。たとえば、（ここまで意味とは切り離してきた）環境的情報に事実的な意味論的情報を位置づけようとする試みもありえる。この接近法は「情報の自然化」(2)とも呼ばれる。

事実的な意味論的情報に関する分析では、「パリはフランスの首都である」「水はH_2Oである」「その車のバッテリーは切れている」といった命題に焦点がおかれる。類似の分析にMTCはどのくらい適合するだろうか。これまで意味論の次元をも組み込もうと、MTCに代わる情報理論の構築がいくつか試みられてきた。だが現在では、情報の意味論的・語用論的な側面をすべて含ませた形で理論構築するにはMTCが課す制約条件が強すぎることを大半の研究者が認めるに至っている(3)。他方、これに異議を示す者はその制約の度合いこそを問題視している。

(2)　自然の理にあうように情報概念を説明づけることをいう。
(3)　語用論とは表現の使用者を含めて意味を考えることをいう。

このような議論の一方の極においては、事実的な意味論的情報の理論をＭＴＣが非常に強く制約している、とみなしている。機械工学をニュートン力学が制約しているのとおおむね同じように、おそらく過剰に規定されている。本書の「はじめに」で触れたとおり、ウィーバーがシャノンの功績を楽天的に解釈していたのはその典型例といえる。

もう片方の極においては、事実的な意味論的情報の理論をＭＴＣが非常に弱く制約している、とみなしている。おそらく何も規定されていないとさえいえる。それはテニスをニュートン力学が制約している程度に過ぎず、つまりは面白みに欠け、さまつなことであり、したがって無視できるほどである。

ＭＴＣは一九五〇年代に提唱され一時は盛り上がりを見せたが、続く数十年にかけてその熱狂も次第におさまっていった(4)。歴史的に見れば、事実的な意味論的情報の理論は非常に強い制約が課せられたものからほんのわずかの弱い制約が課せられたものへと移り変わってきたといえる。近年では、確率論にもとづく、（送信者と受信者という）異なるシステム状態間の関係についての頑健かつ緻密な統計理論という点のみからＭＴＣは評価されるようになってきた。

意味論的情報の分析がＭＴＣから切り離されるようになってきたとはいえ、ＭＴＣと近年の解釈との間には二つの側面でいまだに根深く重要なつながりが残ったままである。それは第3章で説明した通信モデルと、いわゆる「逆関係の原理」という側面である。

通信モデルは実質的にいまでも利用されている。もちろん以前は単純かつ順次的な通信路で関連づけられた個別のエージェントが仮定されていたが、現在ではマルチエージェントの分散システムが並行して相互作用しあうことを前提とするようになってきている。この点から情報の哲学はデカルト的ではなくなり、より社会的なものになりつつある。

逆関係の原理とはpの確率とpにより伝えられる意味論的情報の量との間に逆関係があることを指す。ここでのpとは、ある命題、ある任意の言語により表現された文、ある事象、ある状況、ある可能世界のことをいう。逆関係の原理において情報は（シャノンがいう）予測の困難さと密接に関係してくる。単項の発信元の例としてポーの大鴉を思い返そう。大鴉の回答は完全に予測可能であったため何も情報をもたらさなかった。同様に、バイアスのかかったコインの場合、表と裏のどちらかの面がでる確率が高まれば高まるほど、もたらされる情報は減っていく。たとえば表しかでなくなった時点で表がでる確率は1となり、その際、表がでると伝えられたところで情報の有益さは皆無となる。逆関係の原理を初めて明示的に提唱したのはカール・ポパー（一九〇二―一九九四）だったといわれることがあるけれども、数学的に体系化されたのはシャノンが画期的な業績をあげた後の話だ。ＭＴＣでは確率論にもとづき情報の定義を行う。同じ発想から、確率論的な接近法で意味論的情報が扱われる際には、pにおける情報が、情報とpの確率との間の逆関係という点から定義される。この接近法はイェホシュア・バー＝ヒレル（一九一五―一九七五）とルドルフ・カルナップ（一八九一――一九七〇）に

（４）「一九五〇年代」とあるがシャノンが書いたＭＴＣの論文は一九四八年に発表されている。

より提唱された。彼らの考えはその後、他の研究者らによる別の接近法により洗練化されていくことになる。しかし、いずれの接近法でも基本的な考え方は逆関係の原理にもとづいており、そのためいずれも二つの古典的な問題に直面せざるをえなかった。「演繹のスキャンダル」と「バー＝ヒレルとカルナップのパラドクス」だ。

演繹のスキャンダル

逆関係の原理に従うと、pが起こりやすいほど、またはありえるほど情報の有益性は減る。たとえば、ジョンが修理工から将来のいつか新しいバッテリーを入手できるだろうと伝えられたと仮定しよう。この場合、ひと月以内に新しいバッテリーを入手できるだろうと伝えられた場合よりも情報の有益性は小さい。「ひと月以内に」という後者のメッセージの方が、より多くの可能性を排除しているためだ。これはもっともらしい話だけれども、pの生起確率がもっとも高い場合、つまりは、$P(p)=1$の場合に生じることを考えてみよう。この場合、pはトートロジー（恒真命題）に等しい。常に真となるためだ。トートロジーは情報の有益性がまったくないものとして知られている。ジョンがデータを受け取り、「新しいバッテリーを将来入手できるかもしれませんが、できないかもしれません」と伝えられたところで、意味論的情報は何もえられていない。繰り返しになるが、このように考えることはとても筋が通っているように思えるだろう。しかし古典論理に従うと、条件［$P_1, P_2, \cdots, P_n$ ならば Q となる］がトートロジーである時かつその時に限り、前提$P_1, \ldots, P_n$の有限集合から、結論Qが演繹可能となる。したがってトートロジーは何らの情報も伝えないため、論理的推論では情報の増加がもたらされず、ゆえにトートロジーの観点から分析可能な論理的演繹では情報がもたらされない。たしかに、ある文がもたらす意味論的情報をその文があることで除かれるあらゆる可能な世界や状況と重ね合わせることで見えてくるのは、その帰結によりもたらされる情報が、その前提（のつらなり）からもたらされる情報のうちにすでに含まれていなければならないということだ。トートロジーや推論が「分析的」と呼ばれる所以である。だがそれでは論理学と数学が有益な情報をまったくもたらさないことになってしまう。この直観に反する結論は「演繹のスキャンダル」として知られている。哲学者・論理学者であるヤーッコ・ヒンティッカ（一九二九―二〇一五）は次のように述べている。

C・D・ブロードは、帰納に関する未解決の問題を哲学のスキャンダルと呼んだ。わたしからすると、この帰納のスキャンダルに加え、演繹のスキャンダルも同じくらいに心を乱す。その問題の切迫感は、演繹的推論というものが「トートロジー」であり、または「分析的」であり、論理的真理というものは「実証的な内容」をもたず、「事実にもとづき主張」する際に利用できないと聞かされたことに対し、聡明な新入生が発する次の問いに直面することで、納得していただけるのではないだろうか。では、別のどのような意味において、演繹的推論はわたしたちに新しい情報をもたらしてくれるのでしょうか、そのような意味があるのは必ずしも明らかでないのではないでしょうか、一体、論理学と数学は何を示してくれるのでしょうか。(Hintikka 1973, 222)

この問題を解決しようと多くの試みがなされてきた。論理的な情報の有益さについて、その心理的な側面に言及する者もいる。この観点に立つと、論理的推論は、結論がたしかに前提に含まれているということを簡易に確認できるように、文からえられる情報の内容をすべて抽出する際に役立てられる。論理的演繹の前提はまるで圧縮バネのようだ。前提からは何も新たな情報は生みだされず、既存の情報が蓄えられているだけで、元の形に戻る際に、つまり演繹によって含まれていた結論が明らかになる際に、再び情報は放たれることになる。いいかえれば、論理学と数学により情報は増すことになるが、しかしこれは、わたしたちの心のような限られた範囲においてに過ぎず、どのように結論が前提のなかですでに暗示されているかまでは分からない。この接近法は十分でない。もし、常に演繹的議論の結論が前提に含まれるのならば、科学において演繹的推論が一般的に極めて重要なものと認識されてきた理由を説明できないためだ。仮にすべての定理が、ある理論の公理に含まれているのであれば、数学的な発見は不可能となるだろう。さらにいえば、興味深い定理というものはえてして計算資源という点から立証が極めて難しい。他の接近法では、古典的な、数理論理学的な演繹が有益な情報をもたらすことが示されてきた。数理論理学的な演繹の妥当性を示すには、実質的な「仮の」情報概念が（一時的に）導入される。仮の情報とは、仮定され、利用され、そして取り下げられるもので、つまり、最終的に痕跡は残らないが、その寄与度は高いものといえる。単純な例を示すことでこの点を明確にしたい。

ジョンが次の情報「車のバッテリーが切れている（この状況をＰと呼ぶ）」と「車の電気系統が故障している（この状況をＱと呼ぶ）」の片方または両方を有していると仮定しよう。さらに片方または両方という条件を論理和の記号∨で表す。これはＰとＱのどちらか片方、あるいはＰとＱの両方のいずれかの状況であることを意味する。修理工はジョンに、もし（if）、Ｐであるならば（then）、問題を解決するために修理工場から誰かを手配する（このシナリオをＳと呼ぶ）と伝える。もし（if）、Ｑであるならば（then）、再びＳの状況となる。以降、条件分岐であるif…thenの関係を矢印記号→で表す。ジョンのもつ更新された情報は次のように表現できる。

(1)　$P \lor Q$
(2)　$P \to S$
(3)　$Q \to S$

これら（1）から（3）までが、ジョンの有しているすべての情報である。ジョンのもっている情報は、車のバッテリーが切れているということでも車の電気系統が故障しているということでもない。そうではなく、少なくともいずれか、あるいは両方の問題が生じていることだけである。しかしジョンは論理的な思考の持ち主で、何らかの仮定をおき、次に生じうることを予測

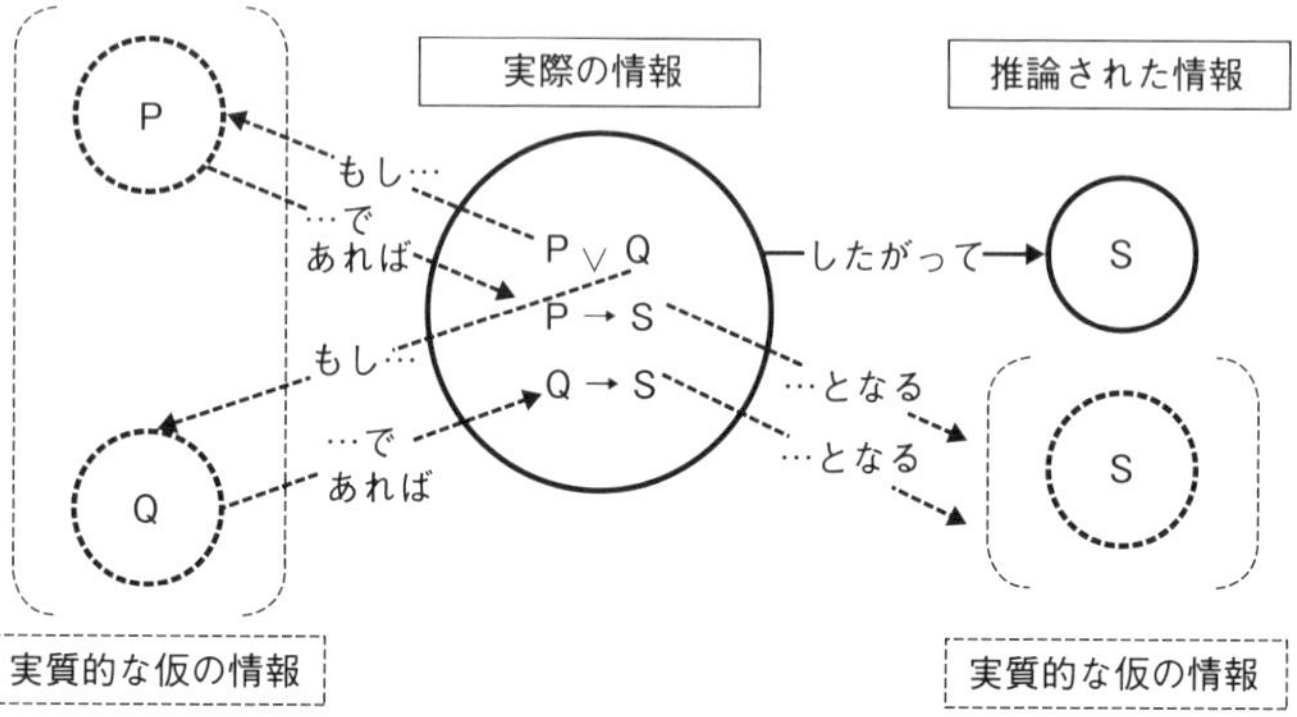

図10　自然演繹における実質的な仮の情報

しようとしている。すなわちジョンは（1）から（3）で示された利用可能な情報の空間から外へ出て、厳密にいえば、実際に有している以上の情報をもっているかのごとくふるまう。彼が行う推論（図10）は次のようなものだ。「状況はPだと仮定する。すると（2）からSが導かれる。だが状況がQであれば（3）からSが導かれる。いやそうではなく、実際のところ、PやQのいずれかを仮定する必要はない。わたしはPもQも（1）でまとめているのだから、（1）（2）（3）よりSを推論することができる。つまり、問題を解決するために修理工場から誰かが来てくれる」。ジョンは、自然演繹論理において「論理和の消去」として知られる推論規則を利用したことになる。彼はまず、（1）を分離させ、それら分離させた命題を仮説として扱い、（他の利用可能な前提を含めて）その仮説が結論を必然的に伴うことを立証しようとした。いずれかの命題が結論を必然的に伴うに足ることがうまく証明できたら、次に彼はその仮説を取り下げ、結論を主張している。このプロセスは単純で非常に明快だけれども、ジョンは彼が実際に有していた情報の空間からいったん静かに外へ出て、仮の情報空間へ入り、多くの必須作業をこなし、そしてまた彼が有していた元の情報空間へ戻り、最終的に結論をえたとまとめられるだろう。よほど注意していない限り、このマジックの仕掛けはほぼ不可視だ。とはいえ、利用可能な情報空間を出入りすることで、妥当な推論を行い、かつ有益な情報をえるという演繹が可能となったことは明らかである。

バー＝ヒレルとカルナップのパラドクス

再び、pの確率や可能性が小さくなればなるほど情報の有益性は大きくなっていくという逆関係の原理に立ち戻りたい。ジョンが仮に車の電気系統が故障していると告げられたとしたら、車のバッテリーが切れているか、車の電気系統が故障しているかのいずれか、またはその両方だと告げられるよりも、有益な情報がもたらされている。これは単純に前者の方がより少ない状況で成り立っているためだ。繰り返しになるが、これは理にかなっているように思える。しかし、pの確率を段々と下げ続けるとどうなるだろうか。やがて、pは実際上ほとんどゼロとなる点に行きつく。つまり、pは不可能なこと、あるいは生起しないことと等しくなるが、逆関係の原理に従うと、pによりもたらされる情報の有益さが最大化されるのはまさにこの時となる。すなわち、（同時に、かつ同じ意味で）車のバッテリーは切れており、かつ切れていないと伝えられた時に、ジョンが受け取る意味論的情報の量は最大化されることになってしまう。この別の直観に反する結論は、（二名の哲学者がともに、矛盾が有益な情報となるという直観に反した考えを初めて明確に示したため）バー＝ヒレルとカルナップのパラドクスと呼ばれる。

この問題は定式化されたのち残念だが、完全に正しく、弱い意味論的情報の定量理論に従うと論理的に不可避なものとして認識されるようになった。ここでいう「弱い」とは、真理の価値がまったく機能していないためだ。結果として、この問題は無視されるか、あるいは他の価値ある方法への踏み台として位置づけられてきた。しかし、事実的な意味論的情報が真理を包含しているという点から、意味論的により強い接近法を採用することにより、このパラドクスは回避可能である。再び、細かな議論は省き、話を単純化する。先に述べたように、定義［Def］の利点の一つはバー＝ヒレルとカルナップのパラドクスを解決する上で重要な役割をはたすことである。ここまでの議論にもとづくとその理由は分かりやすい。何らかのものごとが完全に真理であるという条件を満たす時に限り事実的な意味論的情報とみなされるのであれば、矛盾や明らかな間違いはアプリオリに排除される。次いで、pに対応する状況wとpとの距離という点から、pに含まれた意味論的情報の量が算出される。今晩の食事会にはちょうど三人の客が来るというシナリオを想像してみよう。これが状況wとなる。ジョンは肉料理をつくっている最中で、次のように伝えられた。

A．今晩の食事会には、何人かの客が来る、もしくは来ない。

B. 今晩、何人かの客が来る。
C. 今晩、三人の客が来る。
D. 今晩、何人かの客が来るとともに、かつ来ない。

情報の有益さ具合でいうとAはゼロだ。Aは状況wにも、その否定形にも当てはまり、トートロジーである。Bは改善されているが、有益さが最大のものはCである。これは完全に正確かつ詳細な偶然的真理(5)として、対象である状況wに焦点が正しく絞られているためだ。またDには誤り（矛盾）があるため意味論的情報とはみなされず、単に意味論的内容と位置づけられる（次章の図11を参照のこと）。一般的に、情報がその対象から遠ざかるほど適用される状況の数は増し、情報の有益さは減少してしまう。トートロジーは世界からもっとも遠い位置にある、真理の情報の具体例だ。矛盾は、同様に世界からもっとも遠い位置にある、誤情報の具体例である。もちろん、たとえば今晩は一〇〇人未満の客が来ると告げられるなど、あまりに空虚な意味論的情報を伝えられる場合よりも、たとえば実際には三人だけしか来ないが来客は四人になると伝えられる、そのような誤情報である方が好ましい場合もあるだろう。

(5)　事実の真理。

第5章　物理学的な情報

　ここまで情報を数学的な観点、そして意味論の観点から分析してきた。しかし、ノートPCから発せられる熱に悩んでいる人であれば誰もがよく知っているように、情報は物理的な現象でもある。データを保管・処理するにはエネルギーを消費するが、そのためデータセンターは深刻な環境問題を引き起こしてきた（この点についてはエピローグを参照）。第3章ではエントロピーの概念が情報理論と熱力学の双方に導入されていることを見たが、本章では（現象に関する理論としての）物理学と（現象の背後に潜むかもしれないものに関する理論としての）形而上学の観点から、情報の性質について整理していく。この二つの観点は相反するものでなく相互補完的な関係にある。

　図11は意味論的情報が物理的ではないということを示したいわけではない。たとえば道路標識には法律で定められた最高速度が示されているが、これはまさに意味論的情報が物理的な形

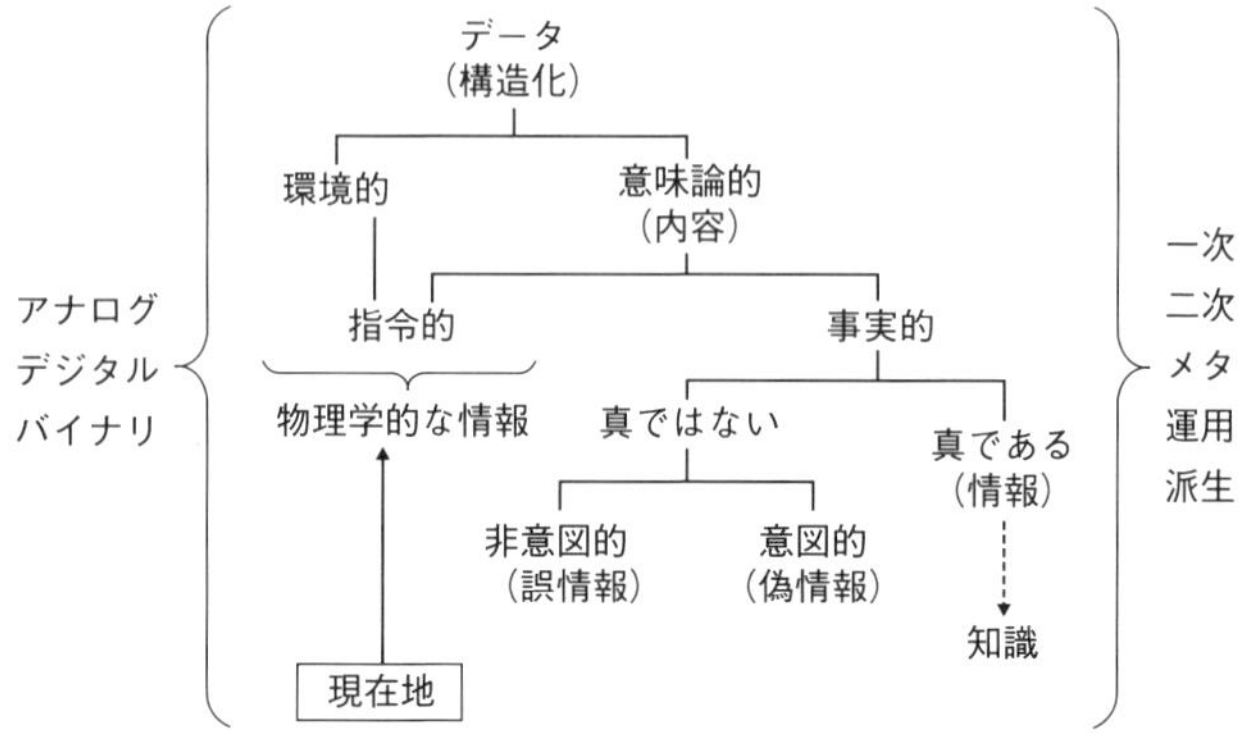

図 11　物理学的な情報

で具現化されている。本章で示したこの見取り図でいいたいことは、本章においては、対象環境内で生じる自然現象としての物理的な特性に焦点を合わせて、逆に構造化されたデータの意味論的な側面についてはいったん脇におく、ということに過ぎない。

マクスウェルの悪魔

熱力学では、(たとえば動的、機械的、化学的、電気的な)ある系から別の系へのエネルギー変換、エネルギーの流れの方向性、仕事を行うエネルギーの利用可能性などに関する研究がなされている。エンジンを効率的に動かす基本原理をもたらしたという点からも、産業革命にもっとも寄与した科学領域といえるだろう。たとえば、熱力学の知見にもとづき蒸気や内燃機関が実現し、それにより財の機械式輸送や機械製造が可能となった。エネルギーの処理過程に関する科学領域として、熱力学は情報の物理学と常に二重の関係性にあった。まず、情報の処理過程は物理的にとらえられるということだ。つまり、エネルギー変換にもとづき何らかの処理過程が生じているということなのだから、情報の処理過程は熱力学の法則の対象となる。次に、熱力学的プロセス自体を設計・改善・管理するためには、情報の処理過程の扱い方を知らなければならないということだ。ジョンの例を振り返ってみよう。ジョンが世界とやり取りした情報（赤い点滅光、電話での会話、隣人との会話など）が成り立つには、関連する系（肉体や車など）においてエネルギー変換を必要とした。突き詰めると、これは熱力学法則の対象となる。同時に、もし車を降りてもまだ光が点いていることがジョンに音声信号で警告され、（バッテリー切れを引き起こすことになる）熱力学的な処理過程全体が制止されることになったとしたら、大量のエネルギーが保存されることになっただろう。熱力学と情報理論は一つの目的を共有しており、そのため相互に結びつけてとらえられることが多い。その目的とは、資源、エネルギー、情報をもっとも効率よく活用するにはどうすればよいかという問いの追求である。

効率性の追求ははてしないことのように思える。情報をよりよく管理できるようになればなるほど（たとえば同等かそれより少ないエネルギーでより多くの情報を抽出・処理できるようになればなるほど）、わたしたちはエネルギーをよりよく管理できるようになる（より多くのエネルギーを抽出・再利用するとともに、より少ないエネルギーで実現できるようになる）。さらに、エネルギーを効率的に管理できるようになれば情報の処理過程を改善できる、といった具合だ。このような望ましいサイクルに制限はあるのだろうか。第3章で触れたとおり、通信の数学的理論では、物理学的な面から情報の流れを改善できる範囲に制約条件が課せられている。残念ながら熱力学でも、情報という面からエネルギーの流れを改善できる範囲について、さらに二つの制約条件が課せられている。

熱力学の第一法則はエネルギーの保存に関するものだ。第一法則によれば、閉じた系における内部エネルギーの変化量はその系に与えられた熱量とその系でなされた仕事量の和に等しい。いいかえれば、孤立系におけるエネルギーの総量は一定であるということを示す。エネルギーは変換されるが、ひとりでに生じたり消えたりすることはない。そうなると、仮に情報の処理過程をどれだけ効率よく高い性能で管理できるようになったとしても、永久機関、つまりはいったん動き始めたら追加のエネルギーを投入しなくても無期限に動き続けるような機械を開発することなどできない。これまでに設計されたもっとも巧妙な機械でさえエネルギーの投入が欠かせない。このような意味でのエネルギー問題は、少なくとも現状の出力結果を維持しつつ投入エネルギーをこれまで以上に削減できるよう、さらに賢く情報を利用するにはどうすればよいかという問いかけに等しい。

懐疑論者の中には、前述の制約条件については受け入れるが、永久機関の実現が不可能という点には反対する人もいるかもしれない。非常に巧妙に設計されたものであっても、外側から永久機関をつくるという目的でのみ情報を利用することを想定していたに過ぎないのではないかという指摘だ。永久機関の中に情報装置を埋め込めば永久機関を内部から制御できないだろうか。たしかにＩＣＴにより、すでにこれは当たり前のものになっている。いわゆるスマート機器類はそこかしこに存在し、もはやＳＦの世界を想像する必要はない。さて、このような反対意見に対して回答すると、次の二点に分けられる。

第一に、熱力学の第二法則によれば、そのようなスマートな永久機関をつくることは物理学的にできない。わたしたちはすでに乱雑さという点からエントロピーの概念について確認した。熱力学におけるエントロピーは、不均一な（つまりは乱雑さがない）状態の場合に系のエネルギーが仕事に利用できることを考えると、系のエネルギーが仕事に利用できない尺度に等しい。第二法則に従うと、孤立した系の総エントロピーは次第に増大し、最大値に近づく。熱はそれ自体で冷たい物体から熱い物体へ移動しない。その逆は、氷入りのグラスに入れたぬるい水が、その中の氷がゆっくりと溶けていく代わりに自然と凍っていくようなもので、奇跡でしかない。

第二の回答は非常にややこしい。熱力学の第二法則によれば、エントロピーは増加していく傾向にある。そのため前述の例でいえば、水の分子が凍っていくのを観察するのは論理的な観点から不可能（つまり、幸せな結婚生活を送っている独身男性たちというような、ことば上の矛盾）に思えるが、はたしてそうなのだろうか。別のいいかたをすると、公正なコインを投げて常に片側の面にのみなることはないだろうし、それは事実なのだが、論理的な法則だけではその可能性を排除できず、そうなるとこれは矛盾でない。では、エントロピーの法則が理論上

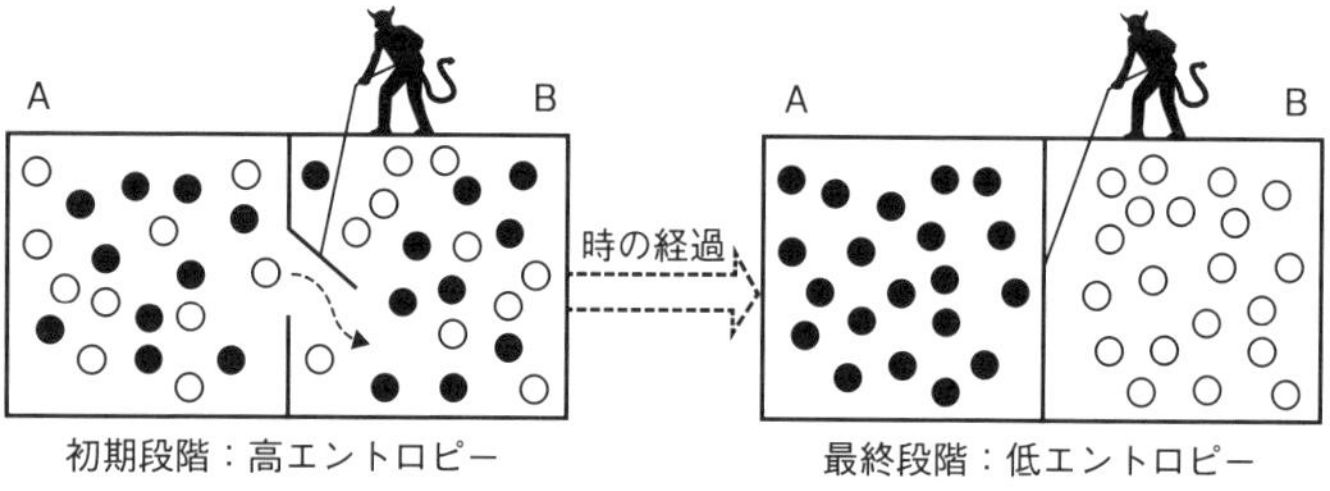

図12　マクスウェルの悪魔

でのみ否定され、実際上はまだ否定されないような、論理的に存在しうる機械というものをはたして想像できるだろうか。ここから、マクスウェルの悪魔の問題について見ていこう。

ジェームズ・クラーク・マクスウェル（一八三一―一八七九）は古典電磁気学理論の父であるが、熱力学の第二法則の統計学的性質を説明するため、ある思考実験を行っている。マクスウェルは著書『熱理論』において次の架空のシナリオを提示した（図12）。気体で満たされた容器があり、容器は二つの部分AとBに分離されているとする。AとBを分かつ仕切りには小さな穴があり、そこにはこの穴をとびらで開け閉めできる存在がいる。この存在はのちにマクスウェルの悪魔として知られるようになるものだが、異なる速度で動きまわる分子を観察できる。分子がとびらに近づいた時、この悪魔は平均より速度の速い分子がAからBへ、平均より速度の遅い分子がBからAへ通り抜けるようにとびらを開閉する。この作業が繰り返されると、最終的に遅い分子（A）と速い分子（B）にすべての分子が分けられることになり、つまりは熱力学の第二法則に反し、エネルギーの追加なしに乱雑さが減少するという例外が生じてしまう。

　マクスウェルの悪魔は情報装置であるとすぐに認識された。悪魔が分子の軌道を観測・計算しているためだ。もしマクスウェルの悪魔が理論的に可能だとするならば、論理的に実現可能な情報の利用法を見出すことが可能となるだろう。第二法則で必要なエネルギー——分子の平均速度が温度に相当することを思い出してほしいが、Aでは温度が下がりBでは温度が上がる——よりも小さなエネルギーコストで、ある系から仕事を生みだすことにより、物理的なエントロピーの法則に逆らうのだ。だが、熱力学の第二法則は揺るぎないもののように思える。このねじれた問題を解決するにはどう考えればよいのだろうか。マクスウェルが提示したシナリオにおいて、悪魔はとびらを開閉しなければならず、これにはエネルギーが必要だった。だがこの思考実験は、（引き戸、機械装置、バネなどを導入し）若干異なる設定に変更しても成り立つ。二人の偉大な物理学者レオ・シラード（一八九八—一九六四）とレオン・ブリルアン（一八八九—一九六九）は、悪魔が行う情報処理の過程に問題の所在があると見抜いた。分子の位置や速度を観測するなど、情報を集めるにはエネルギーが欠かせないが、たとえば分子がどこにあるかを「見る」ために悪魔が光線を使っていると想定しよう。光の粒子は分子に当たって跳ね返るので分子の位置を確認できる。だが、この光の粒子はあるエネルギーにより生成されていなければならない。この系の設定に改善を加えることでこの系に特有の問題を解決することは可能だとしても、それでも最終的な制約が残ってしまう。情報がいったん集められたとしても、悪魔が効果的に仕事を行い系のエントロピーを減少させるためには、とびらを開閉させるタイミングを正確に計算するなどその情報を処理しなければならない。しかし計算時にはメモリが欠かせない。悪魔はどんなに効率よく計算するにせよ、あとで計算するために、まず情報を蓄積しなければならない。このような観点から問題に取り組んだ二人のコンピュータ科学者により、ついに悪魔は葬り去られることになる。まず、ロルフ・W・ランダウア（一九二七―一九九九）は論理的に非可逆（不可逆）な情報の計算により一定の熱量が放出されること、つまりはその環境において相応するエントロピーの増加が生じることを主張した。次いでチャールズ・H・ベネット（一九四三―）は大半の計算が可逆的に可能であること、したがってエネルギーを取り戻すことはでき、エントロピーを増加させないことも可能であること、ただしメモリ消去という論理的に非可逆な計算が存在することを立証した。悪魔はメモリを消去するのにエネルギーを必要とするわけだが、いわばこのエネルギーはこっそりとエントロピーという対価を支払っていることに等しい。

この結論は、情報は物理学的な現象であり熱力学法則の対象となるということだ。近年までそう思われてきた。実は、まだ決着がついているわけではない。ランダウアの原理は法則でなく、近年、熱力学の第二法則を支持するものというより、実際には第二法則を前提としているものに過ぎないとみなされ、批判にもさらされている。悪魔がメモリを消去する必要はない可能性があることを論理的に導き出せると主張するものもいる（物理的には実現できないが、だからこそ悪魔は設計図上でなく思考実験上の存在として提起されたのだ)。仮に何の情報も消去されなければ、熱力学的には可逆な(消去以外の)計算が原理的には可能であり、熱の放出もエントロピーの増加も必要とされない。この試合は引き分けに終わる。その系は無料では動かないが、エネルギーという費用を悪魔に支払わせることもできない。記録されたデータは増加し続け膨れ上がっていくが、悪魔は拡大し続けるメモリ空間を象徴しているのだろうか。(1)

懐疑論者によってはさらなる批判を展開するかもしれない。マクスウェルの悪魔は単一の分子を扱うに過ぎず、もし量子コンピュータが実現したら、熱力学の第二法則をくつがえすのに必要な大量の情報資源がもたらされ、解決への道筋がえられるのではないか、と。端的にいうと答えは否だ。次節でもう少し説明を足したい。

量子情報

バイナリデータは各ビットの状態がある時点で固定化され、いずれの値となるかが確定されることで符号化・蓄積・処理されていく。第3章で見たコインはニュートン系の古典的な例であり、通常のビットは0か1のいずれか、オンかオフのいずれか、表か裏のいずれかなどとなり単一の値を表す。しかし、原子粒子の量子状態には同時に二つの状態が成立するという特有の性質がある。この限定可能だがいまだに不確定とされる量子の重ね合わせ状態によりデータ

(1) 情報熱力学によって熱力学の第二法則は破られていないことが示され永久機関の存在は否定されている。

を扱うことが可能となる。たとえていえば、マウリッツ・コルネリス・エッシャーにより有名になった、両方とも妥当なものだが同時にはそのように解釈できない絵だ。たとえば一枚の絵には高齢の女性の顔と若い女性の横顔の二通りの内容が含まれているものの、同時に両方の内容を見ることは難しく、片方の内容しか見ることができないような絵だ。このような重ね合わせ状態という特性をもつ量子情報の単位を量子ビット（クビット）と呼ぶ。量子ビットは0という状態と1という状態――あるいは他の異なる状態を想定することも可能だが――を同時にとることができる。中間的な状態をもつ単位だが、その状態は必ず0または1のいずれかとして、ある一時点においては観察または測定される。この重ね合わせ状態という物理現象は実際上はどこにでも見られるものだが、わたしたちの常識に反しているため直感的には受け入れられない。量子ビットが同時に二つの異なる状態にどうしてなりえるのかが理解しにくいためだ。(2)

量子コンピュータは量子ビットを扱う。したがって、もし量子コンピュータが実現されたら、非常に強力な計算機をわたしたちはえることになる。三枚のコインを処理する単純なコンピュータのことを想像してみよう。各コインは0または1となりえ、全部で八つの組み合わせが成り立つ。つまり、2^3 の組み合わせであり、2は状態の数、3はコインの枚数を表す。これは3ビットのレジスタとしてとらえられる。この3ビットのレジスタを搭載した古典コンピュータの場合、八つの組み合わせのうちどの状態となるかを確認するには逐次的に計算していかないといけない。レジスタの各状態を設定するには古典コンピュータでは八回の演算が必要となる。次に量子コンピュータにおける３量子ビットのレジスタではどうなるかを考えてみよう。単純化していえば、2^3の状態を同時に表現可能な量子レジスタを搭載できる。ｎの演算は、2^n通りを扱える状態を一度に作り出すことができるからだ。単一の量子コンピュータで一度に八回分の演算を実行し、同時に量子ビットのパターンをすべて精査することが可能となる。これを量子並列性と呼ぶ。量子コンピュータであれば八つの組み合わせを一度に処理でき、対象となる問題の解すべてを瞬時に探索できる。レジスタが大きくなればなるほど幾何級数的に量子コンピュータの性能は上がっていく。64量子ビットのレジスタをもつ量子コンピュータは一台であってもネットワーク化されたスーパーコンピュータの性能を上回ることが可能だ。

もし具体的に実装されれば、量子コンピュータは単純なニュートン力学にもとづく現在のコンピュータに代わる新たな種類の情報システムと位置づけられることになるだろう。その計算能力は非常に高性能となるため現在のコンピュータでは解けない問題に再考を迫るはずだ。量子コンピュータは因数分解にもとづく現在の暗号技術を無用にするだけでなく、逆に新たな手法にもとづくセキュアな暗号システムを生みだすだろう。より一般的には、非常に複雑な統計処理もささいな作業へと変えてしまうだろう。

残念ながら非常に初歩的なシステムでの成功例はあるものの、個人用ノートＰＣを代替する量子コンピュータを構築するのは難しく、実現できないかもしれない。情報の物理学をわたし

（２）量子コンピュータは、量子ゲート方式であれ量子アニーリング方式であれ、すでに商用利用が進んでいる。

たちのニーズに沿うように変更することなどできないし、量子ビットは非常に不安定なものだからだ。懐疑的な見方からすると、量子の世界におけるマクスウェルの悪魔でさえ、前節で論じた制約を抱えこむ。また量子コンピュータは、古典コンピュータと同じように、計算機としての限界をもつ。古典コンピュータでも原理的に対応可能な再帰関数を（効果的に）計算できているに過ぎない。量子コンピュータはより少ない時間でより多くのことをこなせるという点から通常のコンピュータよりも格段に性能が高い。だが、これは量的な話に過ぎず質的な違いではない。実際のところ、情報処理に必要な物理的資源に関する話にとどまる。古典コンピュータにおける主要な問題は空間的資源（配置、メモリ、物理状態の安定性など）ではなく時間ととらえられてきた。量子コンピュータは古典コンピュータにおけるこの時間に関わる課題（ある情報の処理に莫大な時間がかかるという問題）に、これまでとは異なる手法で立ち向かう。計算に要す時間（ステップ数）と空間（メモリ容量）とは転置関係にある。重ね合わせ状態という量子的な現象は極小レベルの制御不能で短期的な現象だが、これを肉眼で見えるレベルの制御可能で長期的な現象へと変換し計算処理が実装できるようになれば、時間に関する課題の解消につながる。そうなると今度は空間が主要な問題となってくるだろう。このような転換が経験的に実行可能にならない限り、量子コンピュータは一般には普及しないと思われる。物理学者からすると、現在の技術では処理できないような量子力学上の仮説や他の現象をモデル化・探求する上で量子情報を強力な手段として利用したいのではないだろうか。たしかにある研究者らの説に従えば、いずれ物理学者によって現実が情報により形成されているということが発見されるかもしれない。最後の節ではこの点について見ていこう。

情報から現実がうまれる

第2章では野放しのデータが、現実という構造においていわば連続体の裂け目あるいは均一性の欠落として記述されることを確認した。データがなければ情報もないことになるが、とはいえデータは物質的に実現されていなくてもよい。ただし「データとして表現されたものがなければ何の情報もない」という原理は物質的な観点から解釈されることが多い。その立場によれば「表現＝物質的に実現させること」という方程式でとらえられ、情報から具体性を物理的に取り除くことが不可能である点が強調される。これはデータを伝達する何か、また処理過程の物理的な特性や制約条件について考慮せざるをえないという点から、情報の系に関する物理学では必然の仮定といえる。だが突き詰めると、この原理自体はデジタルまたはアナログの状態がデータという形式で物質的に実現されている必要があるか否かまでを規定していない。哲学者の中には、宇宙は結局のところ非物質的なものであるかもしれないし、あるいは非物質的な何かにもとづいているのかもしれないという可能性を主張しつつ、この原理を受け入れてきた人がいる。たしかにこの原理については別の解釈の余地がありうるという点から、現実の本質に関したこれまでの議論は再構築可能なものかもしれない。

以上の点は情報の物理学が次に示す二つのスローガンに沿う根拠となる。いずれのスローガンとも科学的に未解明な情報の物理的な性質が存在する可能性を認めており、科学者らの注目を集めてきた。一つ目はサイバネティクスの父であるノーバート・ウィーナー（一八九四―一九六四）により提起された「情報は情報であり物質でもエネルギーでもない。現代においてこのことを認めない物質主義は存続しえない」というスローガンだ。もう一つは非常に著名な物理学者であるジョン・アーチボルト・ホイーラー（一九一一―二〇〇八）が投げかけた表現"it from bit"（情報から現実がうまれる）である。これは、物理的な現実（ここではit）の本質は情報（ここではbit）から来ているということを示すスローガンだ。どちらの場合であっても、物理学は結局のところ、情報にもとづき自然を記述せざるをえないことになる。この見方に立つと、究極的にいえば宇宙はデータから構成されている。データは物質やエネルギーでなく、*dedomena* つまり差異のパターンや場であり、複雑かつ二次的に具体化された物質的な対象を伴って現れる。

このような情報概念にもとづく形而上学では自然宇宙を巨大なデジタル式の計算機（コンピュータ）のようなものとしてとらえるという、より論争をまきおこしかねない見方が受け入れられるかもしれない（ただし、必ずしも受け入れられる必要があるわけではない）。その見方に従うと動力学過程は計算状態の変化のようなものとしてとらえられる。さて、次の差異は分かりにくいかもしれないが重要である。まるで計算機であるかのように（入力・処理・出力の機能をもつものとして）胃について記述することと、胃が実際に計算機であると考えることとを対比させるとどうなるだろうか。前者は、自然の宇宙を有用かつ適切な形でデジタル形式かつ計算論的にモデル化できるか否かという問いといえる。後者は、自然宇宙の本質が実際にデジタル的・計算機的なものなのか否かという問いといえる。この二つの問いは違う。前者は実証的な数学的問いであり、現状未解決である。後者は形而上学的な問いで、大多数の物理学者・哲学者の見解に従うと、おそらく否定的な回答をせざるをえない。その一つの理由としては、デジタル物理学で提唱されるモデルが宇宙に対するわたしたちの現状理解とうまく調和しない点があげられる。たとえばセス・ロイドによれば、計算機としてとらえられる自然宇宙では、ビッグバン以来 10^{90} ビット（重力的な自由度を含むと 10^{120} ビット）に対し 10^{120} 回の演算が実行されてきたという。仮にこれが正しいとしても、問題は宇宙がメモリ不足に陥ってしまうという点である。フィリップ・ボールは次のように指摘している。

> 時が始まってから生じたすべてのものごとを対象として宇宙をシミュレーションするためには計算機（二進数である1か0の値を蓄積可能な機器）に 10^{90} ビットを格納しなければならず、またそれら 10^{90} ビットに対して 10^{120} 回の演算を実行しなければならないだろう。残念なことに、宇宙に存在する素粒子の数はおそらく約 10^{80} といわれている。（P. Ball 2002）

さらにいえば、仮に世界が計算機だとしたら、計算機の開発予測を完全に行うことが可能なのではないだろうか。そうなるともう一つ別の悪魔が蘇る。ラプラスの悪魔だ。

ピエール＝シモン・ラプラス（一七四九—一八二七）は数理天文学・統計学の基礎を築いたひとりである。彼は、この世に存在するすべての物質の正確な位置と運動量について必要な情報をすべて把握している架空の存在（ラプラスの悪魔として知られるもの）がいたとしたら、その存在はニュートン力学の法則にもとづきこの世の歴史すべてを計算できるだろうと主張した。このような極端な決定論は一九世紀においてはまだ隆盛を誇っていたが、二〇世紀に入ると量子的現象の確率的な性質が知られるようになって衰退していく。科学は必然や法則にもとづくものから確率と制約にもとづくものへと移り変わっていった。現在の物理学で受け入れられている有力な見方は、粒子は非決定論的にふるまっており不確定性原理に従うというものだ。これまでの議論をまとめると、少なくとも大半の物理学者に受け入れられている量子力学のコペンハーゲン解釈によれば、計算論的決定論は選択肢とならない。ラプラスの悪魔は幽霊に過ぎず、デジタル物理学はその運命を共有している。

それでも、現代物理学をデジタルの観点から再解釈することは理論上可能かもしれない。だが将来性はというと、情報の理論にもとづく形而上学の方に見出せるだろう。ウィーナーやホイーラーに従い、現実は情報により構成されていると解釈することができるかもしれない。ここでいう情報とは、心から独立した構造的実体であり、均一性の欠落が具象化され関連しあっているものとして理解可能なデータの集まりである。このような構造的実在はそこに存在する情報システム（わたしたちのような情報有機体など）とのやり取りを通じて、あるいはその性質に応じて、ある構成概念を包摂するとともに他の構成概念を排除する。さて、情報の観点から現実の本質をうまくとらえることができるのならば、生命がもつ本質についてはどうだろうか。生物有機体はデータのパターンとどのように対峙しているのだろうか。次章ではこの点について見ていきたい。

第6章　生物学的な情報

生物学的な情報は多義的で、多様な目的から利用されている。そのため、広く曖昧な形でとらえられてしまいがちで、その指し示すところがぼやけてしまいかねない。この理由について確認するため、ジョンが彼の環境とやり取りを行う場面にもう一度立ち返ってみたい（図13）。

生命有機体としてジョンは遺伝暗号をもつ。ひとりの動作主として、彼は知覚処理の過程を経て周りの環境から情報を入力していく（例　赤い点滅光を見る）。次いで彼は内部の神経生理学的な過程を経て、そのような環境的情報を合成していく（例　赤色の光が点滅していると いうことはバッテリーが切れているに違いないと気づく）。さらに彼はコミュニケーションの過程を経て（例　隣人と会話をすることによって）、意味論的情報を周りの環境に出力する。これらの各段階は生物学的な情報の事例とみなせる。ただし、この入力─合成─出力の過程は、実際には例のように明確に切り分けられるものではなく相互に絡み合う。そのため複数の学問

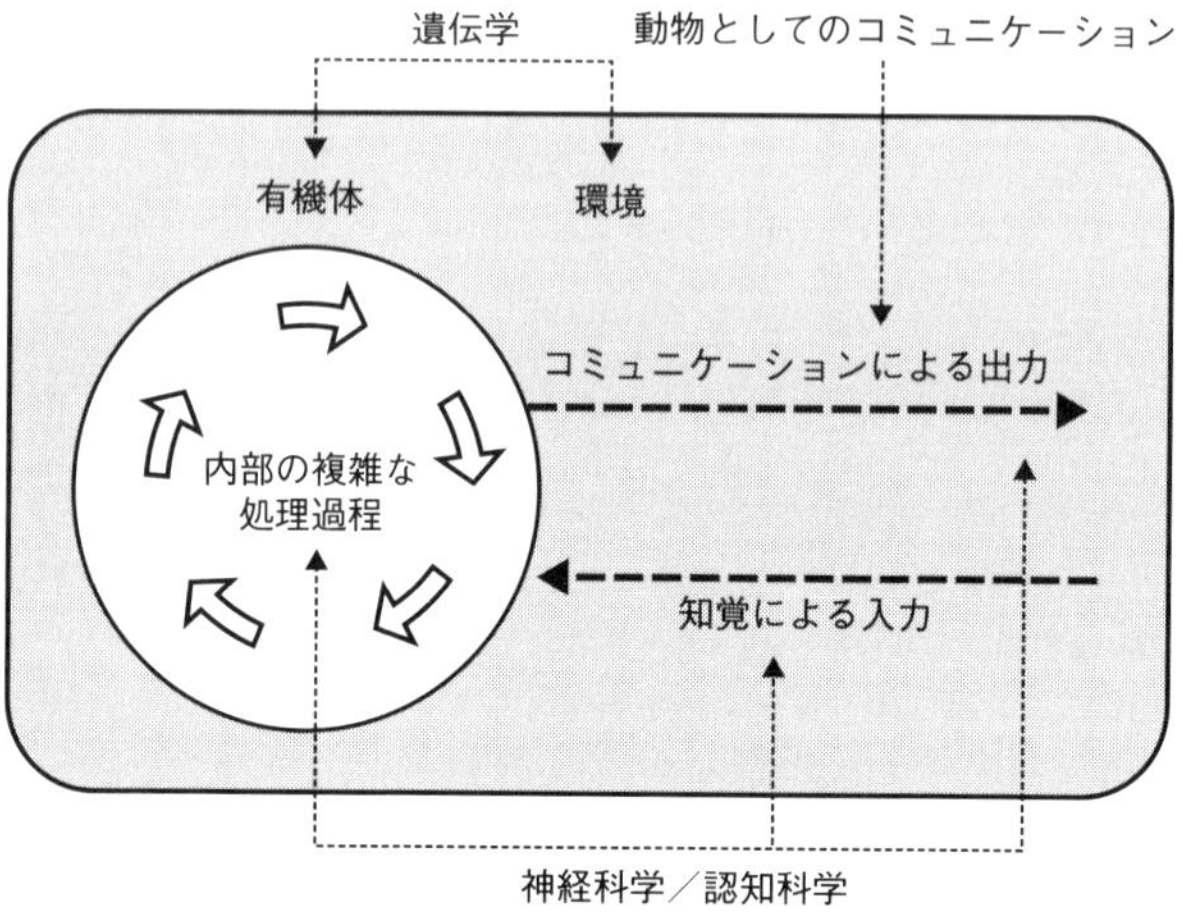

図 13　生物学的な情報

領域（心の哲学、神経科学、心理学、生理学、認識論、情報理論など）で研究対象となっており、それぞれの領域で独自の専門用語が用いられている。つまり、ここでも複数の情報概念が点在している構図となる。混乱は避けられず、もはや最初に戻ってやりなおすことなどできない。そこで本章では無用な混乱を避けるため、非常に単純化した図式（図13）にもとづき、二つの側面に焦点を絞り分析を進めたい。一つは遺伝情報の性質（有機体としてのジョン）についてで、もう一つは神経科学において情報がどのように利用されているかという課題だ。後者については適切な用語がないため、ここでは神経科学的な情報と呼ぶことにしよう（脳としてのジョン）。なお、入力と出力の過程についてはここまでの各章ですでに論じてきた。

さて、議論を展開していく前に二種類の概念的な特質について簡単にまとめておきたい。第一の特質として、情報について議論する際には主に三つの方法があることを思い起こしておくのがよいだろう。

（a）現実としての情報（例　パターン、指紋、年輪）
（b）現実のための情報（例　コマンド、アルゴリズム、レシピ）
（c）現実に関する情報、つまりは認識的価値を有す情報（例　時刻表、地図、百科事典の項目）

文脈によっては、これらの観点が複数重なり合う形で情報としてとらえられるものがありえる。たとえばある人の虹彩は、現実としての情報の例（目の中にある膜のパターン）であると同時に、現実のための情報（例　ある人が本人であることを確認し、ドアを開けるための生体認証の手段としての情報）でもあり、また現実に関する情報（例　その人の身元を示す情報）をもたらすものでもある。重要なのは、各側面でどのような情報が利用されているかを明確にすることだ。この場合、（a）は物理学的情報、（b）は指令的情報、（c）は意味論的情報である。ただし残念ながら、生物学的な情報は同時にこれら三点すべての意味合いから曖昧に使われることが多い。

第二の特質も同様に概念的だが、生物学的（または遺伝学的）という用語の使い方が異なるという点からとらえられるものだ。言語学的にいうと次のような説明となる。

（A） 限定用法　生物学的（遺伝学的）な情報は、生物学的（遺伝学的）な事実に関する情報である。

（P） 叙述用法　生物学的な情報は、その性質がそれ自体、生物学的な（遺伝学的な）情報である。

次の例を考えてみよう。医療情報は、医療的な事実に関する情報であり（限定用法）、治療の性質をもつ情報ではない。デジタル情報は何らかのデジタルなものに関する情報ではなく、それ自体にデジタルの性質が含まれた情報である（叙述用法）。軍事情報は何らかの軍事に関する情報にもなりえるし（限定用法）、それ自体が軍事的な性質をもつ情報にもなりえる（叙述用法）。生物学的または遺伝学的な情報について言及する際、限定用法の意味であれば一般的なことであり、議論は生じない。たとえばバイオインフォマティクス（生命情報科学）の領域では、おそらく母集団全体に関する医療記録、系統データや遺伝子データをデータベースに格納しているだろう。このような生物学的または遺伝学的な情報が存在するということについて誰も異論はないだろう。しかしこれらデータは叙述用法の意味からすると議論を引き起こす。生物学的または遺伝学的な処理過程（生体内作用）や成分要素（因子）は本質的にそれ自体が情報の性質を有しているのだろうか。もし生物学的または遺伝学的な現象が叙述的な意味で情報の性質を有しているならば、あとは単にモデル化の問題としてとらえてよいのか、つまり、それらは情報を含む存在とみなせるのか。それらが本当に情報を含む存在とみなせるのであれば、どのような種類の情報なのだろうか。生物学的または遺伝学的な情報の性質を理解するにはどのような情報概念が必要となるのだろうか。次節ではこれらの問いのいくつかについて取り組む。

遺伝学的な情報

遺伝学は生物学の一分野であり、遺伝現象の構造や過程、遺伝物質の種類、生命有機体が有す観察可能な形質（表現型）について研究が行われている。遺伝形質や生物の多様性といった性質は、たとえば家畜育種などにおいて古代から人類により活用されてきた。しかし、遺伝学の創始者であるグレゴール・ヨハン・メンデル（一八二二―一八八四）により、表現型が、のちに遺伝子と呼ばれるものを介して、ある世代から次の世代へ引き継がれていると示されたのは一九世紀になってからだった。一九四四年、ノーベル物理学賞の受賞者であるエルヴィン・シュレーディンガー（一八八七―一九六一）は、一連の講義内容をもとにまとめられた著名な書籍『生命とは何か』において、どのように遺伝情報が蓄積されうるかというアイディアを示している。彼は遺伝情報とモールス符号とを明示的に比較していた。一九五三年にはジェームズ・ワトソン（一九二八―）とフランシス・クリック（一九一六―二〇〇四）により、DNA構造の分子モデルが発表された。有名な二重らせん構造であり、現代科学を代表する発見の一つだ。クリックはシュレーディンガーの考え方が参考となったことについて謝辞を記している。

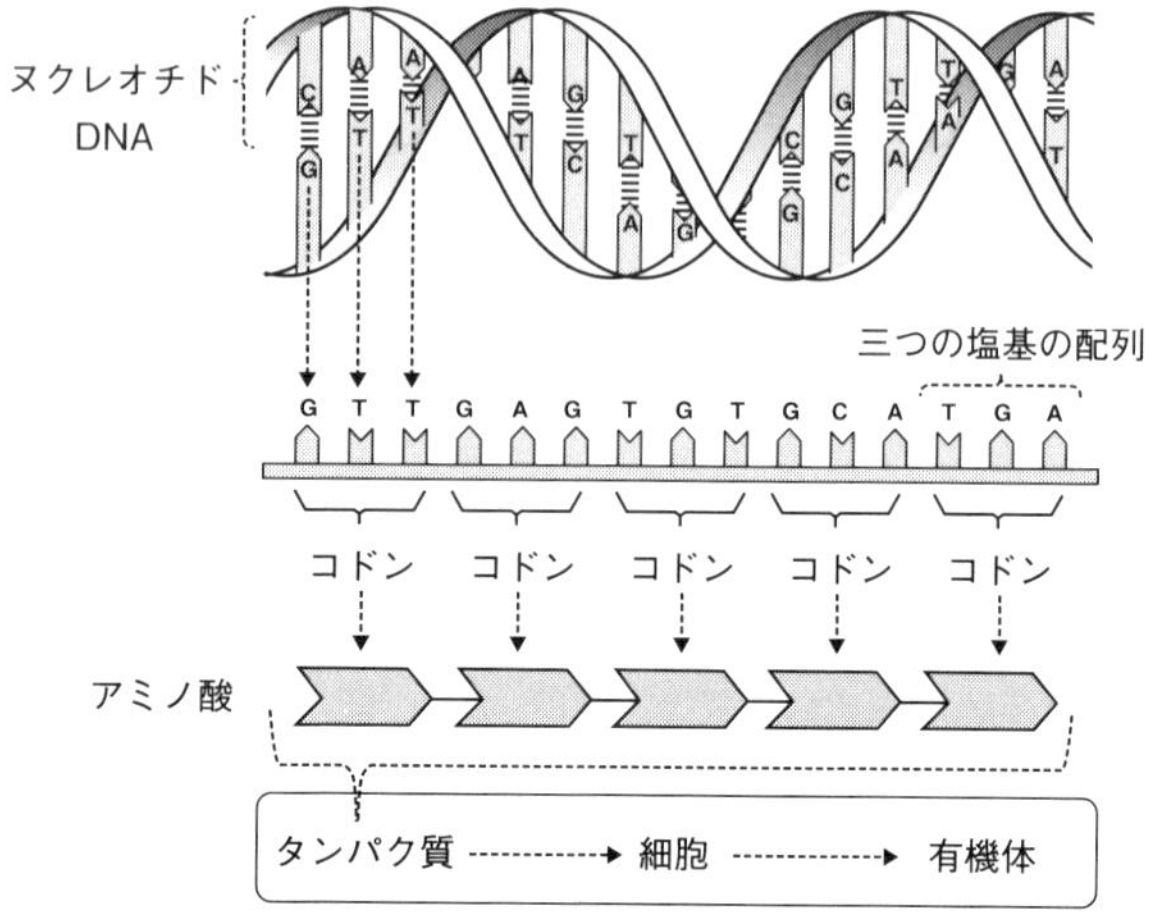

図14　DNAと遺伝暗号

一九六二年、ワトソン、クリック、そしてモーリス・ウィルキンス（一九一六―二〇〇四）はともに「核酸の分子構造および生体における情報伝達に対するその意義の発見」に対してノーベル生理学・医学賞を贈られた。ついに情報は遺伝学を支える基本概念の一つとなったのだ。しかしなぜ、基本概念といえるのだろうか。

ジョンの肉体の細胞には二三対の染色体が格納されている（精子、卵子、赤血球の細胞を除く）。それぞれの対の一方は母親から、もう一方は父親から引き継がれたものだ。それぞれの染色体はタンパク質とDNA（デオキシリボ核酸　［図14］）から構成されている。DNAは一部のウイルスを除くすべての生命体にとって遺伝暗号を含む分子であり、化合物の単位であるヌクレオチドから構成されたものだ。各ヌクレオチドは塩基（Ａ＝アデニン、Ｔ＝チミン、Ｇ＝グアニン、Ｃ＝シトシン）、リン酸、糖からなる。遺伝子はＤＮＡ分子の一部で、たとえばＲＮＡ（リボ核酸）やタンパク質などの機能分子を生みだす情報が含まれたものだ（それにより有機体の中で化学反応が引き起こされる）。

ジョンの遺伝暗号とは塩基Ａ・Ｔ・Ｇ・Ｃが二重らせん状のＤＮＡ上に重複しない形で配列されている並び順のことをいう。四種類の塩基Ａ・Ｔ・Ｇ・Ｃが暗号を記すために利用される「文字」で、このうち三文字からなる組み合わせをコドンと呼ぶ。この一個のコドンが鎖状につながっている一個のアミノ酸に対応するものとして解釈される。塩基の文字は四種類で、それらの文字の入る場所が三箇所であるから、コドンは4^3＝64種類となる。これらのうちの一つが合成開始信号となり、アミノ酸鎖を作るためのすべての配列の処理が始まる。六四種類のうちの三つが、合成終了信号となりメッセージが完了したことを示す。他のコドンはすべて、ある特定のアミノ酸に対応する。

遺伝子からタンパク質をえるためには非常に複雑でまだ完全には解明されていないプロセスが必要となる。それは転写と翻訳の二つだ。転写すなわちＲＮＡ合成により、ＤＮＡを構成するヌクレオチドの配列情報がＲＮＡの配列情報に写し取られる。その結果として合成された相補的なヌクレオチドのＲＮＡのことを、ＤＮＡからえられた遺伝メッセージがタンパク質を合成する細胞システムへ伝令されるという点から、伝令ＲＮＡ（ｍＲＮＡ）と呼ぶ。次いで（転写過程の出力結果である）ｍＲＮＡは、翻訳すなわちタンパク質の生合成により、タンパク質を生成するよう復号化される。このｍＲＮＡの塩基配列は、タンパク質として合成されるアミノ酸鎖を生成するためのテンプレートとして機能する。いったん正しく生成されてしまえば、タンパク質は機能しだし、関連した遺伝形質が生成されることになる。ただし、遺伝子のＤＮＡ配列が複製される際に損傷（塩基の変化、重複、鎖の切断など）が生じる場合がある。このような遺伝的変異がタンパク質の生成に影響を与えるかもしれない。害がない場合もあれば（効果なし）、害をもたらす場合もあるが（負の効果）、逆に益を生む場合もある（正の効果）。正の効果の場合、有機体の生存に有利となる新たなタンパク質が生成されることになるかもしれない。長期的に見れば、そのようなランダムな遺伝的変異が生命体の新たな進化形態を可能にしてきたともとらえられる。

　ここまで整理した内容は極めて基本的な事項にとどまるが、それでも情報概念が遺伝学において重要な役割を担っていることが明白になった。次の問いは、多くの異なる情報概念があるけれども、（叙述用法の意味合いで）生物学的な情報とは一体何なのかというものだ。

　第3章では、シャノンの情報概念が他のさまざまな情報概念を理解する上で必要な基盤となることを論じた。つまり、生物学的な情報もまた情報の一種とみなせるのであれば、情報の数学的理論で確認されたように、因果的な制約条件や物理的な関係性について論じなければならないはずだが、ほとんど言及されていない。より本質的な説明の必要性に気づいている研究者の中には生物学的な情報を意味論的な観点から解釈しようと試みる者もいる。しかし、そこまでいくと過剰反応に思えてならない。意味論的情報について厳密に論じようとするなら、遺伝情報をその例とはみなしにくい。遺伝情報は単純に、必要な特性を欠いているためだ。遺伝情報は有意味なものでも意図的なものでもなく、そこに何らかの主題があるわけでもなく、また事実と一致するかどうかが問題となるようなものでもない。ＤＮＡは遺伝暗号を含む。より正確にいえば、ＤＮＡは表現型の生成に関してコード化された遺伝子を物理的に含む。この意味ではＣＤの中にソフトウェアが含まれているように、ＤＮＡの中にも遺伝情報が含まれるといえなくもない。けれども遺伝暗号、より分かりやすくいえば遺伝子はそれ自体が情報である。遺伝子はラジオが信号を送信するようには情報を送信していない。遺伝子はなんにせよ機能し、ケーキを作るレシピのようにただ最終的な結果を部分的に保証するものに過ぎない。むしろ周りの環境が重要な役割を担う。遺伝子は封筒や電子メールなどと異なり情報を含んでいるわけではないし、設計図などと異なり情報を記述しているわけでもない。むしろ行為遂行的である。「午後八時に伺います」という発話はある約束という事実を記述しているのでなく、発話されたことばを介すことで約束という行為を行っている。遺伝子は伝書鳩と異なり情報を運んでおらず、ドアを開けるための情報を運ぶ鍵のようなものに過ぎない。また遺伝子はモールス符号の点と線でメッセージが符号化されているのとは違い、指示内容をコード化しているわけでもない。遺伝子は情報を運ぶもの、あるいは有機体を生成・機能させるのに必要な指示内容を運ぶものといわれることが多いけれども、このことは遺伝学というより、わたしたち自身の傾向を物語っているのではないだろうか。わたしたちはよく、（そうでないと分かっていながら）まるで知能をもつもののように現代のコンピュータについて語ることがある。同じように遺伝現象の構造や過程は生化学的な現象に過ぎず、そこに何か意思があるわけではないにもかかわらず、何らかの意味論的な性質を見出だしがちである。そう、遺伝子がまるで意味論的・記述的な点から情報として位置づけられるかのように、遺伝の「暗号」（コード）という表現が用いられているけれども、そのような語彙を文字通りにとらえるべきではない。それでは遺伝に対する理解が曖昧になりかねない。むしろ遺伝子は指令的なもので、レシピ、アルゴリズム、コマンドのような実効的・手続き的な情報といえる。いいかえれば、遺伝子は他に欠かせない環境的な要素とともに有機体の成長を促すことに役立つ動的な手順構造とみなせる。この意味ではたしかに生物学的な情報を一種の情報とみなすのがよい。動的な手順構造は情報実体の特殊な形態といえ、それ自体が指令、プログラム、あるいは命令となる。

このような解釈は意味論に絡む議論と異なり、情報の数学的理論と両立可能で相互補完的である。具体的には、遺伝子が行っていることについて、それがどのように行われているかを説明する上で役に立つ。この見方に立てば、遺伝子は有機体とその環境に含まれたそれぞれの諸要素が一体となって機能するのに欠かせない、いわば指令ととらえられる。さらに、計算論的な観点からこの遺伝暗号に接近できる。なぜなら、コンピュータサイエンスにおける命令型プログラミング（あるいは手続き型プログラミング）と対比させることにより、意図の側面を完全に排除した形で理解を深められるためだ。命令型プログラミングにおいてプログラムの状態は命令文により変更される。プログラムはコンピュータに計算を実行させる一連の命令文からなるが、各ステップはいわば指令といえ、その指令により修正された状態が物理的な環境において保持される。指令（遺伝子、命令型プログラム、レシピ）と出力結果の関係は関数的で、原因と結果があり、法則にもとづくものに過ぎず、そこには意味論の問題が絡まない。これはコンピュータのハードウェアが、その機械に合わせて命令型で書かれる機械語を実行するために設計されているだけで、そこに意味論は必要とされないこととまさに等しい。こうもいえる。遺伝暗号において遺伝子というメディアはメッセージである、と。叙述的な意味合いからすると、生物学的な情報は手続き的である。つまりそれは何かのための情報であり、何かに関する情報ではない。ここでようやく、見取り図上に遺伝学的な情報を配置することができる（図15）。

　神経科学的な情報について述べる前に最後に触れておきたいことがある。もちろん遺伝子は個々の有機体が成長していく面だけでなく、世代を超えて表現型が受け継がれていく面においても重要な役割を担う。そのため情報の観点からとらえる接近法は遺伝学と進化生物学の双方で取り入れられてきたし、それはより高次の自然人類学においても然りだ。たとえば遺伝子との類推からミーム（文化的な思想、記号、実践が伝達される単位や要素）という概念が提唱さ

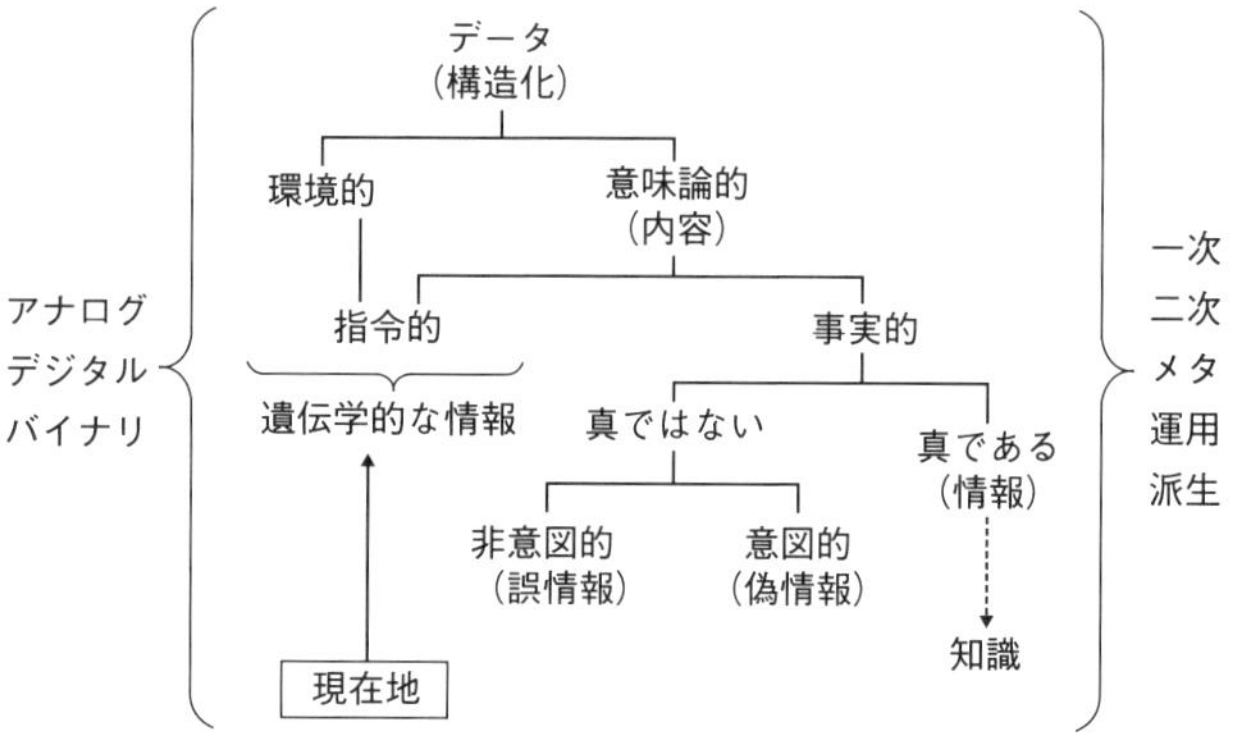

図 15　遺伝学的な情報

れてきた。ミームはコミュニケーション、模倣現象、自己複製、選択圧に対する反応を介してある人の心から別の人の心へ伝達されるものだという。しかしそうなると、同じような文脈から、生物学的な情報概念がその具体的に役立つはずの手続き的な意味合いを失ってしまい、ひそかに、いわば意味論的な意味をもち始めてしまうリスクが生じかねない。見取り図でいうと図の右側へ移行していく動きであり、示唆的ではあるが、せいぜいある特有の課題を解決する場合、あるいは関心となる対象の特性を新たにあぶりだす場合などに役立つ程度で、ヒューリスティックな価値をもたらすに過ぎないのではないだろうか。ミームは経験的というより隠喩的なものであり、具体的な関係性やその構造を探ることには困難を伴う。

神経科学的な情報

遺伝子が変化することなしにジョンは存在しえなか

ったたろう。ジョンや他の動物のほとんどは（海綿動物は例外の一つ）、いわゆる左右相称動物に属す。それらは身体が左右相称の有機体だ。化石という証拠にもとづけば、おそらく左右相称動物は五億五〇〇〇万年前頃、共通の祖先から進化してきたといわれる。ジョンはがっかりするかもしれないが、その祖先はつつましいイモムシのようなものだ。だが彼にとって幸運なことに、それは特別なものとなった。いつ、そしてどのように左右相称動物が神経系を進化させ、加えて異なる分類の有機体で神経系がさらなる進化を遂げてきたかといった全貌はいまだに解明されていない。だが重要な点は、ジョンの祖先が分節した体を獲得し、各部位に肥大化した神経節をもち、さらに身体の末端に神経細胞体の集合（つまりは脳）をえたことだ。いいかえれば、究極の反エントロピー兵器が誕生した。生物的な生は熱力学的なエントロピーとの絶え間ない戦いであり、生命体は反エントロピー的な情報実体ともいえる。ここでいう情報実体とは、その存在を維持し、それ自体を再生産（代謝）するために、手順を踏んで何らかのやり取りを実行可能な能力が備えられたオブジェクトのことをいう。単細胞生物でさえ、生存するために周りの環境から情報をえて、そのえられた情報に反応する。しかし洗練された神経系が進化したことで大量の情報を収集・蓄積・処理し、コミュニケーションをとることができ、かつその神経系をうまく活用できるようになったからこそ、さまざまな反エントロピー的行動を実現・制御することが可能となった。長い年月からなる進化の過程を経て、もはや神経系は多くの多細胞生物で確認できるが、その大きさ・形・複雑さは種別間でかなり異なる。本書の目的に照らし合わせて、ここでは単純に反エントロピー的な情報動作主としてジョンに焦点を絞り、彼の情報処理能力について描いていくことにしよう。

生物情報的な観点からすると、ジョンの神経系は周りの環境と彼自身に関する情報を管理する一つのネットワークとしてとらえられる。この神経系にもとづき、有機体としての彼に役立つように、よい状態であることが促されるように、生存や再生産の機会を増大させるように、身体的な動作や反応が引き起こされる。そのようなネットワークを構築する要素を神経細胞（ニューロン）やグリア細胞と呼ぶ。おおまかにいって、一つの神経細胞に対して一〇のグリア細胞があるともいわれる。グリア細胞は神経細胞の周辺にあり、軸索を絶縁し、神経細胞に栄養を運び、電気化学信号の化学物質をもたらすことに特化した細胞だ。神経細胞は異なる活動パターンをもつ多様な種類の電気化学信号を統合し、受け取り、送り出すことに特化した細胞である。神経細胞は非常に多様な形、大きさ、機能があるが、それらの感覚・運動機能に従って分類可能である。感覚神経細胞は身体の表面から感覚情報を受け取る。運動神経細胞は筋肉の動きの制御を行う。さらに介在神経細胞は感覚神経細胞と運動神経細胞との間で情報を伝達する。大半の神経細胞は共通の構造をしており、図16では典型的な神経細胞の主な構成要素をきわめて単純化して示した。

細胞体の中には核と木の枝のような分岐構造からなる樹状突起がある。樹状突起では他の神経細胞からの信号が受け取られ統合される。樹状突起から突き出ているスパインと呼ばれると

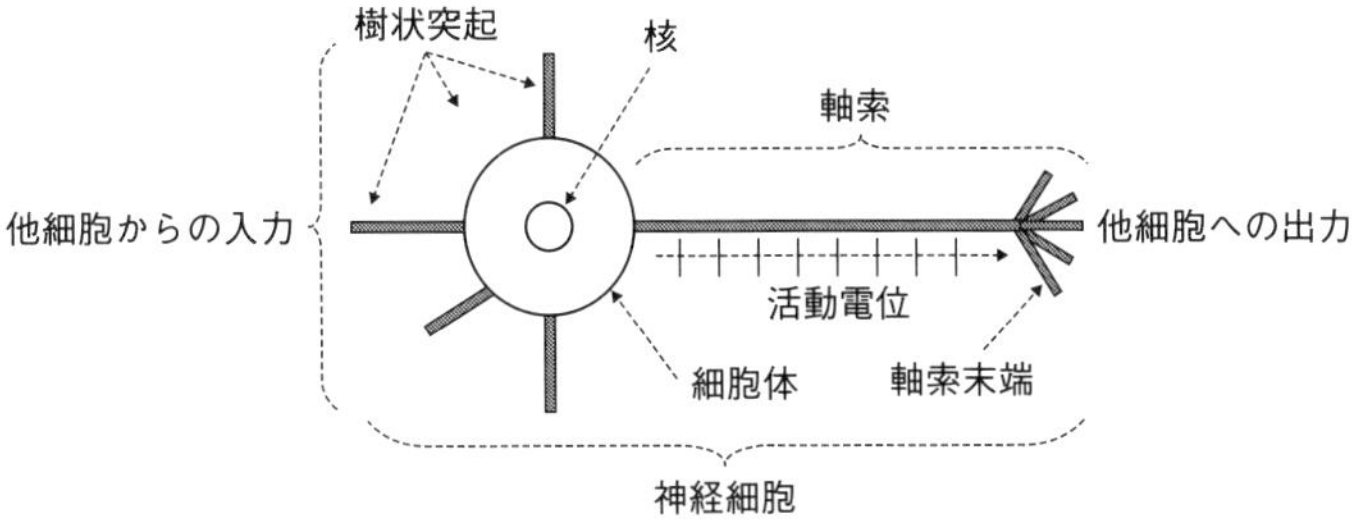

図16　神経細胞の概要

ころで信号の受け取りが最適化されている。一般的にこのスパインや樹状突起の細胞膜の表面には受容体が含まれており、それら受容体は隣接する神経細胞により放出された神経伝達物質に反応する。神経伝達物質が受容体と結合すると細胞の生体膜にあるチャネルが開き、電荷を帯びた原子（イオン）が流入する。チャネルを介して流入が起きた結果として、受け取る側の神経細胞は活性化され、自身の電気化学信号を他の細胞へ送り出す可能性が促進されるか（興奮性）、あるいは抑制されることになる（抑制性）。軸索は長く細い管で、電気化学信号を仲介して伝導する役割を担う。軸索は神経系の主要な伝導路であり、束状で神経を構成するものだが、直径は極めて小さく、おおむね一ミクロンだという（一メートルの一〇〇万分の一、あるいは一ミリメートルの一〇〇〇分の一であるが、人間の髪の太さは約一〇〇ミクロンであることを想起してほしい）。なお非常に長いものもあり、人間の体で一番長い軸索は背骨の付け根から両足の親指までつながっている座骨神経だ。

軸索により伝導される電気化学信号を活動電位と呼ぶ。活動電位はブーリアン型（二者択一条件）の電気化学信号で、軸索を伝わり軸索末端へ向かい、神経伝達物質を放出する。活動電位はスパイクともいうが、その大きさは約一〇〇ミリボルト、持続時間は約一～三ミリ秒で、軸索を毎秒一～一〇〇メートルで伝導していく。神経内での活性化に関する情報、つまりは神経細胞が運んでいる情報は、活動電位が起きる頻度に応じて伝導され、電位変化を符号化できるほどには活動電位の大きさや持続時間は変化しない。神経細胞によっては毎秒一〇～一〇〇回の頻度で活動電位を放出し続けるが、多くの場合、発生頻度は不規則である。実際のところ神経細胞によっては、大半の時間は静かだが、時折、活動電位が一気に放出されるものもある。

終末ボタンは軸索の末端のことで、ここで到達した活動電位が神経伝達物質に変換される。大半の軸索は広く分岐しているため、個々の神経には数千の末端がある。通常、軸索終末には神経伝達分子を含む小胞がある。電位差に反応する受容体が活動電位により活性化され、その結果、軸索終末の膜にあるチャネルが開口される。さらに生化学的な反応が次々と起こることにより、神経伝達物質が放出されていく。神経細胞の間をつなぐ接合部をシナプスと呼び、そこで電気化学信号の伝導が行われる。

シナプスでは興奮性と抑制性の信号が伝導されるが、その際に化学物質が放出される。神経伝達物質が神経細胞に与える効果は活性化させる受容体分子に依存している。同じ神経伝達物質であっても興奮性と抑制性のどちらにもなりえ、あるいは非常に早く効果が出る場合、また非常に長く効果が続く場合もある。カフェインなどの薬は神経伝達物質の活動を促進または抑制することで脳の活動を間接的に覚醒させたり妨げたりする。神経伝達物質としてはアミノ酸などがあげられるが、そのうち哺乳類動物の脳でもっとも多い神経伝達物質はグルタミン酸とγ－アミノ酪酸（ＧＡＢＡ）である。いずれも単純かつ遍在的なもので、より単純な有機体にも存在が確認されていることから、進化過程の最初期からある伝達物質ではないかといわれている。

神経細胞は化学信号を電気的刺激へ、そして電気的刺激を化学信号へ変換することにより機能する。そのため神経系はデータを電気化学的に処理する複雑なネットワークといえる。このネットワーク構造は通常、散在神経系と集中神経系に分類される。散在神経系は感覚神経細胞とその感覚神経細胞を脊髄や脳につなぐ神経細胞からなる。集中神経系は中枢神経系を構成する。ジョンを例にすると、散在神経系とは彼の身体と外部世界の物理学的なデータの流れ（光、音、匂い、圧力など）との間のインタフェイスと位置づけられ、生理学的な状態と機能を含め、彼の動きを調整しているものだ。感覚神経細胞は内部でデータ（信号）を生成し、それら信号を中枢神経系へ伝搬することにより、外部からの入力データ（物理的な刺激）に反応する。次いで、合成されたデータ（信号）は再び身体系に戻され、処理されていくことになる。ネットワーク構造の中心にはまた別の複雑なネットワークがあり、これを脳と呼ぶ。ジョンの脳は約千億個の神経細胞から構成されているが、各神経細胞は最大一万個のシナプス結合部をもち、それぞれがつながっている関係にある。

ここまでごく簡単に見てきたが、それでも神経系、特に脳についての研究がなぜ情報の観点から進められているかは明白になったのではないだろうか。一方ではニューロインフォマティクス（神経情報科学）において、脳の構造や機能に関する実験データを解析・統合し、既存の理論を改善していくため、計算ツールや手法、モデル、接近法、データベースなどが開発・適用されている。もう一方の計算論的神経科学においては、実際の生物の神経細胞やそのネットワーク、生理機能などについて情報理論・計算論の観点からの研究が進められている。いいかえれば、コンピュータサイエンスとICTは脳を観察し、脳を記録する上で驚くべき手段（脳機能画像法）を提示してきた。たとえば脳波図（脳内の神経細胞の発火により引き起こされた電気活動を頭皮部などで記録するもの）、磁気共鳴機能画像法［fMRI］（脳内の神経活動に関連した血流動態反応を測定するもの）があげられる。とはいえ脳はまだまだ未開拓な領野だ。情報の観点から難問の一つとなるのは、神経系により変換された物理的な信号がどのように高次の意味論的情報を生みだしているのかという点である。ジョンが赤い点滅光を見る時、データ処理の連鎖が生じている。まず周りの環境におおよそ六二五〜七四〇ナノメートルの波長で電磁放射線が現れる（一ナノメートルは一〇億分の一メートルで、赤色はおおむね人間の目で見える光のうちもっとも波長が長いものから構成される）。その電磁放射線に、つまりは目の前の点滅する赤い光にジョンは気づき、おそらくバッテリーが切れたことを意味していると彼は考える。この連鎖過程について部分的には解明されているけれども大半についてはいまだ分かっていない。もちろんそこに何らかの魔法があるわけではないので、いつか完全に解明される日が来る可能性は否定できないだろう。

有機体は介在的な方法で周りの世界に応じた行動をとる傾向にある。有機体は感覚データを能動的に情報へ変換し、世界とやり取りができるようにこの情報を構成的に処理していく。介在的・内在的に構成されたものは、短期記憶から長期的な生存期間までその時間の幅は多様だが、蓄積され、変換され、処理され、やり取りがなされていく。人間の場合、他の人々により与えられた意味論的情報を収集、蓄積、検索、交換、統合、更新、利用し、そして誤用してしまうという稀有な能力をもつ。そしてそれは過去の世代においても当てはまる。次章ではこの社会的・経済的な情報の側面について整理したい。

第7章　経済学的な情報

オリバー・ストーンが監督した映画『ウォール街』（一九八七年）で、主人公の投資家ゴードン・ゲッコー（マイケル・ダグラス）は「この世で最も貴重なものは情報だ」と断言している。[1]彼はおそらく正しかった。情報は常に高い価値をもつが、情報を保有するものは誰でもそれを守ろうと普通は躍起になる。だからこそ、たとえば知的財産を保護する法的制度が整備されてきた。知的財産権の対象は芸術的・商用的な表現物だが、これらは本書の関心事である情報の一種であり無形の資産ともいえる。著作権、特許、意匠権、商標あるいは営業秘密は、対象となる情報の創作・共有が促されるように、その利用の一時的な独占を認めることで受益者へ経済的インセンティブを与えるという仕組みだ。似たような話だが、本来的には非公開の情報を入手したうえで——勤務中に入手するのが典型例といえ、これがインサイダー取引といわ

（1）　訳語は当該映画の日本語字幕版から引用。

れる理由だ――会社の株などの有価証券類を売買することは多くの国で法的に禁じられている。別の分かりやすい例として軍事情報もあげておこう。ユリウス・カエサル（紀元前一〇〇―紀元前四四）は情報に価値があることに気づいていた。彼は側近らとのやり取りのために暗号技術を開発している。いわゆるカエサル式暗号で、もっとも初期の、そして広く知られた暗号の一つだ。この暗号ではメッセージ内の各文字をその文字体系のうち固定の数だけずらした文字へ置き換える方法がとられる。たとえばずらす文字数を4とするなら、AはEに置き換えられ、BはFに置き換えられるといった具合だ。暗号関連でつなげると、アラン・チューリングは第二次大戦期、ブレッチリーパーク（カントリーハウス）におかれた英国の暗号解読センターでドイツ軍の通信内容を解読する手法をいくつか考案しているが、その成果の一部は現在わたしたちが享受しているコンピュータの開発にもつながった。またインターネット技術は核攻撃のあとでさえ重要な情報を米国空軍が共有できるよう冷戦期に開発されたといわれる。

明らかに、情報の経済的価値について言及する際、そこで想定されている情報は意味論と絡む何かである。このような意味論的情報は、数学的には制約条件が課せられ、かつ物理的な形で具現化されたものとなるけれども（例　電話での通話、電子メール、会話、ラジオの信号、化学式、ウェブページ、地図）、ここでの意味とは――関係する動作主にとってはその情報が正しい、または事実と一致するものと仮定されていることになるが――関係する動作主にとって価値がある情報を介して伝えられる何かである（図17）。

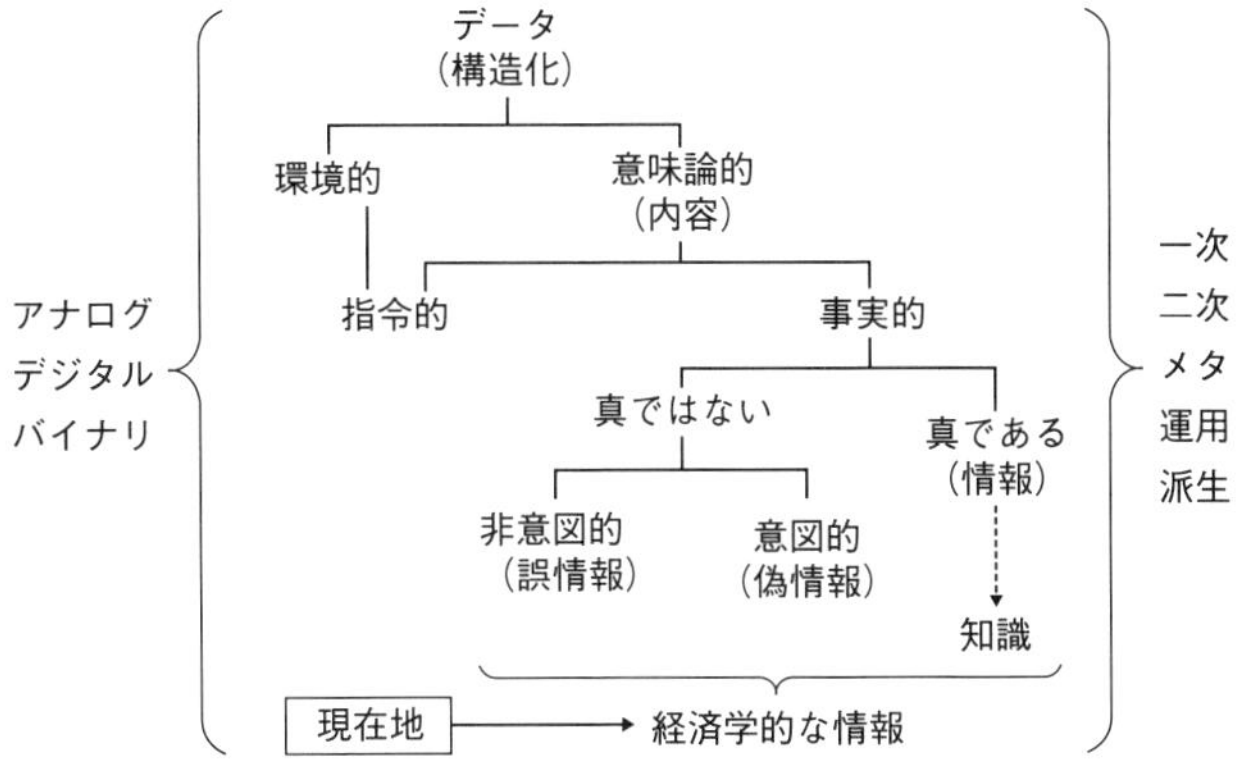

図 17　経済学的な情報

情報の経済的な価値は価格に応じて決まると考えられるだろう。新古典派経済学によれば価格は開かれた競争市場で決定される。この場合、基本的には、情報を入手したいと望む動作主がいくら支払うかという話となる。あるいは古典派経済学によれば、情報の経済的価値は資源の量という点から決まるとも考えられるだろう。ここでいう資源の量とは投下された時間、労働、労苦などの量のことである。この場合、基本的には、それら投下された資源により動作主がどのくらい利益をえたか、あるいは不利益を回避できたかという話となる。これら二種類の解釈は相互に関連しあう。情報の経済的価値が期待効用のことだとすれば、それはつまり、情報に対する支払意思額とその情報の価格とが等しくなるということである。いずれにせよこれらの解釈に従えば、情報は価値を付加することができ、かつその価値を維持することができるという特性をもたなければならない。たとえば適時性、適合性、鮮度といった特性である。通常、昨日の新聞に、あるいは誤った情報に対価を支払う人はいないだろう。このような特性は一般的に情報の質といわれていることに等しい。

商品として扱われる場合、情報は他の正常財（車、パンなど）と異なる三つの特性をもつ。一つ目の特性は非競合性である。バッテリーが切れているという情報を保有（消費）するジョンは、修理工が同一情報を同時に保有（消費）することを妨げることができない。この特性は一斤のパンにおいては成り立たない。二つ目として、基本的に情報は非排除性という特性をもちやすい点があげられる。たとえば知的財産や非公開の機微データ、軍事機密など、ある種の情報は保護されていることが多いが、この保護するという行為は意図的にそれなりの労力をかけなければ実現できない。なぜなら排除性は、通常、情報がもつ特性ではそもそもないためだ。むしろ情報は開示され、共有されやすいという特性をもつ。この情報の特性と対比させると、たとえばジョンが隣人からブースターケーブルを借りた場合、隣人は同時にそのブースターケーブルを利用することはできない。三つ目の特性は、いったん情報が利用できるようになれば、その再生産コストは無視できる程度になりやすい（限界費用がゼロに近づく）という点だ。これは当然ながら、パンを含め多くの財には当てはまらない特性である。これら三点の理由から情報は公共財としてみなされる場合がある。公共図書館やウィキペディアは誰もが自由にアクセスできるものだが、情報が公共財であるという観点はこれらの存在を正当化する理由ともなる。

情報はそれが有用なものであるという点から経済的価値をもつ。動作主がある情報にもとづき一連の動作――選択肢を吟味し、誤りを回避できるようえり分け、合理的な決定をくだすなど――を取ることができれば、それにより通常その情報をもたない場合よりも高い期待利得（期待効用）をえられる。生物学的な表現になぞらえれば、熱力学的なエントロピーに耐える可能性を高めるという点から、このような利得は情報の有機体にとって都合がよいとも理解できるだろう。経済学的に表現すると、この期待利得というものは、生じうる各結果の生起確率で重みづけされた、一連の動作により生じうる全結果に関わる効用の総和である。ここでいう効用とは、結果（財やサービスを消費したことなど）からえられる相対的な満足度、あるいは結果の望ましさを表す尺度である。ただし、情報によりもたらされる便益は文脈に応じて理解されなければならない。なぜなら、情報を交換する動作主には個々の人間に限らず、生物学的な動作主、社会集団、人工的な動作主（ソフトウェアプログラムや工業用ロボットなど）、あるいは統合的な動作主（会社や戦車など）も含まれるためだ。つまり、あらゆる動作主が想定される。

第1章では、人類がその社会をうまく機能・発展させていくためには情報を管理・利用する必要性の度合いが高まってきている様相を描いた。驚くべきことではないが、近年、経済学的な情報に関する研究が隆盛を誇っている。二〇〇一年にジョージ・アカロフ（一九四〇―）、マイケル・スペンス（一九四三―）、ジョセフ・E・スティグリッツ（一九四三―）は「情報の非対称性を伴った市場の分析」によりノーベル経済学賞を受賞した。もはや経済的な問題に情報の理論から接近することは広く一般的なものとなっているため、経済学を情報学の一領域と勘違いしてしまっている人すらいるかもしれない。本章では以降、経済学的な情報についてどのような議論がなされてきたかを見ていきたい。ただし説明を単純なものにするため、また昨今のトレンドにあわせてゲーム理論の用語で議論を整理することにしたい。ひとまず標準的なゲームの例を取り上げる前に、ゲーム理論における情報概念を概観するところから始める。次いで、それら諸概念がどのようなゲームで利用されるかを見ていく順番としよう。

完備情報

ゲーム理論とは、複数の動作主（ここではゲームのプレイヤーのことで、必ずしも人間に限らない）が関わる戦略的な状況や相互依存的な状況（これをゲームと呼ぶ）についての研究だ。各プレイヤーは完全に合理的な存在だが――常に自身の利得を最大化することに関心があり他のプレイヤーの利得については考慮しない――互いのことを認識しているとともに、また各プレイヤーの意思決定が相互依存的なものであること、その意思決定が結果としてえられる利得に影響を及ぼし合うことについても知っている。一般的にゲームは次の四要素から設定される。

（a）プレイヤー　参加するプレイヤーの数とそのプレイヤーがなにものであるか。

（b）各プレイヤーの戦略　ある既知の状況が仮定された場合に各プレイヤーが合理的な意思決定を行う上で取りうる選択肢の集合のこと（ある戦略とは、あるプレイヤーがとることになるかもしれないすべての手番で実行可能な行動をもれなく定めた行動計画のこと）。

（c）各結果から生じる利得　それぞれの手番でプレイヤーがえられるものごと。

（d）実際の手番や状態の順序（タイミングや順番）ゲームが逐次的な場合に（後述）、ある状態のプレイヤーがそのゲームでどのような位置づけにあるかを示すもの。

ゲーム理論の主な目的の一つは、安定した状況（これを均衡と呼ぶ）を見極めることにあり、その状況ではどのプレイヤーも自分の採用した戦略を変更したがらない。たとえプレイヤーのとる戦略が、神のようなものの視点からすると合理的に見て最適とはいえないとしても、である。これまで多数のゲームについて議論が蓄積されてきたが、これは裏返すと、均衡もまた多数ありうるということだ。それら複数の均衡は各プレイヤーがもつ関連情報の量という観点から分類できる。つまり、先に示した（a）から（d）の情報について誰がどのように利用できるかという観点から整理可能といえる。

すべてのプレイヤーが（a）（b）（c）に関する情報をもつ場合、そのゲームは完備情報ゲームと表現される。完備情報ゲームは共通知識という点からも定義が可能だ。すなわち、各プレイヤーは自分以外の参加者が誰であるかを、そしてそれらの戦略と戦略に対応する各プレイヤーの利得について把握している、ということを、各プレイヤーが把握している、ということを……各プレイヤーが把握している。典型的な例としては、じゃんけんゲームや囚人のジレンマがあげられる。じゃんけんについて何も述べる必要はないだろうが、囚人のジレンマは複雑な話となるため若干説明しておきたい。

囚人のジレンマの論理構造は冷戦期に生みだされた。一九五〇年、ランド研究所（非営利のシンクタンクで、設立当初は米国陸軍向けの調査研究機関）では、世界規模の核戦略へ応用できる可能性があったため、ゲーム理論に関心が寄せられていた。もともとはこのランド研究所のメリル・フラッド（一九〇八―一九九一）とメルビン・ドレッシャー（一九一一―一九九二）により考案された協調と対立についてのゲーム理論モデルが、のちにアルバート・タッカー（一九〇五―一九九五）により再構成され「囚人のジレンマ」と呼ばれるようになる。具体的には次のようなものだ。

二人の容疑者AとBがつかまえられたものの、いずれも証拠不十分の状況にある。いったん二人は隔離され、それぞれ次の取引をもちかけられる。もし片方のみ自白し（裏切り）、もう片方は黙秘したままであれば（協調）、自白した者は釈放されるが、黙秘した者は懲役一〇年となる。もし両方とも協調し黙秘すれば、それぞれ証拠不十分のため減刑されて懲役一年とな

表７　典型的な囚人のジレンマの例

		囚人Ａ			
		裏切り		協調	
囚人Ｂ	裏切り	5	**5**	0	**10**
	協調	10	**0**	1	**1**

注：行列名はプレイヤーＡとＢおよびそれぞれの戦略を示し、太字の値はプレイヤーＡの利得、下線付きの値はプレイヤーＢの利得をそれぞれ表す[(2)]。

る。もし両方とも裏切って自白すれば、それぞれ懲役五年となる。ＡとＢは自白するか黙秘するかを選択しなければならない。ただしＡもＢも互いに相手がどちらを選択するか知ることはできない。そのため、この古典的な囚人のジレンマを同時手番ゲームと呼ぶ。まさにじゃんけんと同じだ。ここではタイミングは重要ではない（じゃんけんは両プレイヤーがそれぞれの手を同時に見せ合うという意味で共時的ゲームでもある）。他のプレイヤーの（計画している）手番や状態に関する情報は共有されていないという点が重要である。さて、それぞれの囚人はどのように行動すべきだろうか。

各プレイヤーの個々の利得は、互いに協調した場合に最大となるにもかかわらず（懲役一年）、合理的な選択は互いに自白することになってしまう（懲役五年）。一見奇妙だが、片方のプレイヤーが何を選択しようと自白した方が常によりよい利得をえられる。裏切ることが協調することを強く支配しているため、つまりどのような状況であろうと協調するよりも裏切る方

（２）　ここでは懲役年数というマイナスの利得。

がより便益をえられるため、裏切りが合理的な意思決定となる（表7）。いずれのプレイヤーも悪くならずに少なくとも一人のプレイヤーをよくする状況へ変更（パレート改善）できる可能性があるため、このような均衡は（経済学者ヴィルフレド・パレート［一八四八―一九二三］の名前にちなみ）パレート次善最適解とみなされる。他の三つの結果と異なり、互いに裏切る状況をナッシュ均衡とも呼ぶ。仮に他のプレイヤーの行動に関する情報がえられたとしても、各プレイヤーが自身にとって最適な選択をするとこのような結果に落ち着く。

ナッシュ均衡はゲーム理論において重要な概念だ。これは、他のプレイヤーが最適な選択を行い戦略を変更しないことを所与とした場合、どのプレイヤーであっても自身の戦略を変更することにより状況を改善させることができない状況を表す。名称は数学者ジョン・ナッシュ（一九二八―二〇一五）に由来するが、ナッシュは、ゲーム理論に多大な功績を残したことに対してラインハルト・ゼルテン（一九三〇―二〇一六）、ジョン・ハーサニ（一九二〇―二〇〇〇）とともにノーベル経済学賞を受賞している。

完備情報は同時手番ゲームを興味深いものにする。そのような条件がなければ、プレイヤーは自身の選択が他のプレイヤーの行動に与える影響を予測することができない。効率的な完全競争市場の理論モデルでは、大前提としてある仮定がなされている。それは、最適な意思決定を行うために必要な情報を経済主体（買い手や売り手、消費者や企業など）がすべて保有しているという仮定である。しかしこれは非常に強すぎる仮定だ。多くのゲームは不完備情報にもとづいてなされる。その場合、少なくとも前述した（a）（b）（c）のうちどれかに関する情報を少なくとも一人のプレイヤーは保有していない。このような不完備情報のゲームは情報の非対称性という概念にもとづく。

情報の非対称性

さて、ジョンと彼が契約している保険会社の担当者マークとのやり取りを一つのゲームと見立てて議論を進めたい。わたしたちはジョンが非常にうっかりもので（彼は車のライトを消し忘れがちだ）、完全には信用できないこと（彼は自身のミスについて嘘をつき、妻のせいにしようとしていたこと）を知っている。しかし、マークはジョンに関するそれら情報を保有していない。この構図には情報の非対称性が確認できる。一方のプレイヤーは適切な情報を保有しているにもかかわらず、もう片方のプレイヤーはその情報を保有していないという非対称性だ。マークには情報が伝えられておらず、モラルハザードと逆選択という二種のよく知られた問題が引き起こされかねない。

逆選択のシナリオは、たとえばジョンのようなうっかりもののプレイヤーが車のバッテリーに対する保険を購入しやすいという状況があげられる。マークのような情報を伝えられていないプレイヤーは情報が不足しているため、より高い保険料での契約を交渉するなどの行動を取ることができないためだ（ちなみにマークが十分な情報を保有していたとしても法的な理由からそのような契約が認められない可能性もあるが、その点についてはここでの関心事から外れるため考慮しない）。

モラルハザードの例としては、ジョンが車のバッテリーに対していったん保険をかけたらその取り扱いがずさんになってしまう状況――ライトをつけっ放しにしたり、ｉＰｏｄの充電に使用したりするなど――があげられる。これも、マークのような情報を伝えられていない側のプレイヤーがジョンの行動に関する情報を十分に保有していないためだ（あるいは、そのような情報を利用する法的権限を有していないという可能性もありうるが、前の例と同様にここでは検討の対象外とする）。

これらの例が示すように二つの問題は絡み合う。情報の非対称性があからさまな場合、情報を与えられていない側のプレイヤーは過剰反応を示しやすい。マークは、ジョンのような顧客が含まれているだろうから、すべての顧客に対してより高い保険料を提示することになるかもしれない。このような場合、情報を保有する側のプレイヤーである情報優位者は、情報を与えられていない側のプレイヤーである情報劣位者に対し、自身らの情報について与える（自身らがどのような類のものであるかを示す）必要性が生じている。先に触れたスペンスとスティグリッツは、このような情報の非対称性への対策としてシグナリングとスクリーニングという方法に関する分析を進めた。

シグナリングは派生情報（第2章を参照）という点から記述できる。つまりシグナリングとは、情報優位者が情報劣位者に対し自身がどのような類のものであるかを派生的に示すため、信頼性の高い情報を提示することをいう。シグナリングは契約理論に多大な影響を及ぼしてきたが、ここではその領域の教科書で扱われていた例を多少修正して用いることにしたい。

初めてオックスフォードに来た時、わたしはこれほど多くの非常に聡明な学生らが哲学や神学を専攻している理由を理解できなかった。明らかに就職できないリスクがあるためだ。哲学者・神学者の一団を誰が必要としているのだろうか。この時、わたしはスペンスのシグナリング理論を理解していなかった。雇用者はよりよいスキルをもつ応募者を雇うだろうし、よりよいスキルをもつものに高い賃金を払うだろう。しかし、雇用する側は応募者が実際にどのようなスキルを有しているかという情報について知らされていない。応募者は皆、当然のことながら、非常に高いスキルを有していると主張するだろう。このような情報の非対称性がある場合――雇用は不確実性の下での投資判断といえる――、就職希望者、この場合は哲学・神学専攻の学生らは、情報劣位者である雇用者に対して、一流大学で学位をえることにより自身がどのような類のものであるか（ここでは自身が高いスキルをもつ者である）というシグナルを出している。たしかに学位をえるには金銭的な意味合いだけでなく、競争、努力、スキルなどが欠かせず、コストが高い。このような文脈においては、学生が何を専攻したかという一次情報でなく、高コストな学位をえたという事実こそが正しい信号（派生情報）となる。

スクリーニングはシグナリングの逆と位置づけられる。これは情報優位者が自身の情報についてシグナルを出すのでなく、情報劣位者が情報優位者に対していくつかの選択肢を提示し（異なる契約内容など）、その選択を通じて情報優位者が自身の情報を開示するよう促すことである。たとえばマークがジョンに対し、車のバッテリーに対する保険について異なる保険料や割引の組み合わせを提示し、その選択の過程からジョンのプロファイル（リスクの高い顧客であること）を明らかにしていく場合などだ。

情報劣位者が劣位な状況を解消する方法の一つは取引を行う状況に至ったそれまでの工程を再構築しようとすることだろう。これが通常、住宅ローンを希望する顧客に対して銀行が面談を行う理由である。そのような情報がデフォルトの状態で利用可能なゲームの場合を完全情報ゲームと呼ぶ。

完全情報

もしプレイヤーが（d）へ完全にアクセスできるのであれば、つまりゲーム内でとられた手番やプレイヤーの状態に関する全履歴にアクセスできるのであれば、それは完全情報ゲームである。三目並べとチェスがその代表例だ。より定式化していえば、完全情報は情報の単集合（ただ一つの要素からなる情報集合）として定義できる。ゲーム理論でいう情報集合とは、ある特定のプレイヤーが保有する情報の状態を所与として、ゲーム内でとりえたすべての手番を並べたものだ。いいかえれば情報集合とはゲームのある時点で到達している点のことである。

したがって、完全情報ゲームにおける各情報集合は単集合となる。三目並べは×と○という記号を3×3の格子上の1マスに配置していく構造であり、チェスはすべてのコマを盤上のどこか1マスに配置する構造となっているが、もし配置する点が格子状または盤上の2マス分ということになれば、プレイヤーはそれら二種類の状況のうち、ゲームがいまどちらの状況にあるかを判別できず、ゲームの履歴について不確かな状態に陥る。つまりこの場合、プレイヤーは完全情報を保有していない。

完備情報は、ゲームの特性のうち（a）（b）（c）と関係する一方（プレイヤー、戦略、利得）、完全情報は（d）の特性のみと関係するけれども（手番や状態）、チェスのように完備情報と完全情報からなるゲームが存在することは明らかだ。前の節で見たように、完備情報はあるものの完全情報がないゲームもありうる。あるいは、完備情報はないが完全情報のみからなるゲームもありうるが、これは同じゲーム内でプレイヤーが実際には「異なる」ゲームを行っている場合に起こりうる。特性の（b）または（c）についての情報が欠損している場合だ。ジョンが娘のジルとチェスをしている例を思い浮かべてみよう。ジョンはゲームに勝つよりも負けることでより高い利得をえられるだろう。ただし、ジルにそのことを悟られることなく彼女を勝たせないといけない。

完全情報は逐次手番ゲームにおいて興味深い特性を示す。あらかじめ定められた順番に従いプレイヤーが行動し、先行して行動したプレイヤーの手番についての情報を少なくとも複数のプレイヤーが保有しているゲームを逐次手番ゲームという。一連の逐次手番が存在しても、それらの情報へアクセスできなければ逐次手番ゲームは成り立たない。その場合、各プレイヤーの行動に時間差はあっても、当該ゲームは実質的に同時手番ゲームとなる。もし、すべてのプレイヤーが他のすべてのプレイヤーのこれまでの手番や状態に関した情報を保有している場合、その逐次手番ゲームは完全情報ゲームの一つとなる。マクスウェルの悪魔やラプラスの悪魔（第6章を参照）は、単独プレイヤーによる、完備かつ完全情報ゲームとしてとらえられるだろう。あるいは、たとえ複数のプレイヤーが完全情報を保有していても逐次手番ゲームが不完全情報ゲームとなる場合がある。この例に当てはまるのはスクラブルだ[3]。スクラブルでは他のプレイヤーがどのコマをもっているかという情報が各プレイヤーには知らされない。同様の理由からポーカーもこの例に該当する。

逐次手番ゲームにおいて、不完備または不完全情報のいずれかしかもたないプレイヤーは貴重な何かを失っている状態にある。この何かとは、ゲームの特性（a）（b）（c）に関する情報、あるいは特性（d）に関する情報のいずれかのことをいう。不完備情報ゲームはまたベイジアンゲーム（次節で説明）としても知られている。ベイジアンゲームではランダム性と不確実性のもととなる「自然」という仮のプレイヤーが導入される。「自然」の役割は二つある。一つ目は（いわば特性を表す）タイプの値をとることが可能な各プレイヤーに確率変数を割り当てること（例　プレイヤーAはタイプx、y、zになりうるとする）、二つ目はそれらタイプと確率とを関連づけることである。プレイヤーのタイプはプレイヤーの利得関数を決定し、そのタイプと関連づけられた確率とはその（タイプが特定される）プレイヤーがそのタイプとなる確率のことをいう。この不確実性が意味するのは、少なくとも一人のプレイヤーは別のプレイヤーのタイプに関する情報とそのタイプに対応する利得関数についての情報を知らされていないということだ。そのため、プレイヤーは各プレイヤーのタイプについて事前に何らかの信念をもっているが、新たにとられる手番にもとづき、ゲームの途中でその信念を修正していく必要に迫られる。（知らされていない）「自然」の手番で、タイプ、つまりは少なくともプレイヤーのうちの一人の利得に関する情報を途中で失わせることにより、不完備情報ゲームを不完全情報ゲームに変更できる。そして、この不完全情報ゲームにおけるナッシュ均衡は不完備情報ゲームにおけるベイジアンナッシュ均衡としてとらえることが可能となる。

情報が不完備あるいは不完全である場合は常にできるだけ多くの失われた情報をえられるようにしたい。失われた情報はプレイヤーに関する情報（タイプ、戦略、利得）の場合もあればゲームの履歴情報の場合もある。その場合、誰かがたしかに保有している情報、誰かが失った情報にもとづき、遡見（あとからの予測）を行う必要がある。この逆推論はベイズ推定の手順を踏んで進められていく。

（3）　アルファベットなどの文字が記されたコマをボード上に並べ、単語を作成して得点を競い合うゲーム。

ベイジアン（ベイズ主義にもとづく）情報

この節では、あとから情報が利用できるようになるにつれ一連の行動を変更せざるをえない動的な文脈において、情報劣位者がどのように情報を修正・更新しているかを説明していきたい。なおベイズ主義については確率論の一領域として広く適用されており、他の章で触れることも可能だったが、本節の内容理解に役立つためここで扱うことにした。

まず単純な例から始めよう。ジョンの娘であるジルは多数の電子メールを受信しているが、それらのごくわずか（ここでは二％としよう）がコンピュータウイルスに感染している。彼女は信頼できるウイルス対策ソフトを使用しており、九五％が正しく検出されたとする。いいかえれば五％は誤検出されたことになる。そのソフトウェアでは、感染したかもしれない電子メールを消去することなく、ジルが確認できるように検疫用フォルダへデータを移す。その中にはウイルスではない電子メールも含まれている可能性があるため、ジルはどのくらいの頻度で検疫用フォルダを確認すればよいかを知りたい。彼女が暗示的に尋ねているのは、「平均すると受信した電子メールのうち二％のメッセージが実際にウイルス感染しており、かつ当時使用していたウイルス対策ソフトの検出結果が九五％正しい場合に、B（＝ウイルス対策ソフトによりブロックされたメッセージは検疫用フォルダに移される）という条件のもと、Aである（＝検疫用フォルダに移されたメッセージがウイルスに感染している）確率はどのくらいか」という問いだ。正しい戦略を採用できるようにジルは失われた不足情報をえる（学習する）手段を見つけなければならない。仮に検疫用フォルダに格納された電子メールのメッセージが実際にはウイルス感染していない確率が極めて低いのであれば、ジルはたまに検疫用フォルダを確認すればよいと判断するだろう。さて、この失われた不足情報をえるにはどのようにすればよいだろうか。ベイズ推定を用いることによりその答えが導き出せる。

トーマス・ベイズ（一七〇二―一七六一）は英国の長老派の牧師で、確率論を研究テーマとした数学者である。死後に、確率論の新たな一領域としてベイズの定理という呼び名でのちに知られることになる証明が発表された。ベイズの定理では、事象Bという条件のもと、事象Aの事後確率を計算する（つまり事象Aの事前確率［$P(A)$］にもとづき$P(A|B)$を算出する）。基本的には、これにより事後に予測された情報がえられる。

ベイズの定理を先ほどの例に当てはめて整理してみよう。ジルは彼女がとるべき行動を知りたいのだが、基本的な情報が不足している。彼女は情報劣位者だ。仮に電子メールのメッセージがウイルス感染している可能性がある場合、当該メッセージが検疫用フォルダに移されるという条件のもと、当該メッセージがウイルスに感染していた確率をジルが知ることができるとしたら、彼女は一連の正しい行動をとることができるだろう。そこで彼女は一〇〇万件のメッセージで検証を行うことにした。その結果をまとめたものが図18である。図18は、ウイルス対策ソフトでブロックされる前のウイルス感染率は二％だったが、検疫用フォルダにあるメッセージが実際に感染していた率はおおよそ二八％となったことを示す。これでジルは行動を選

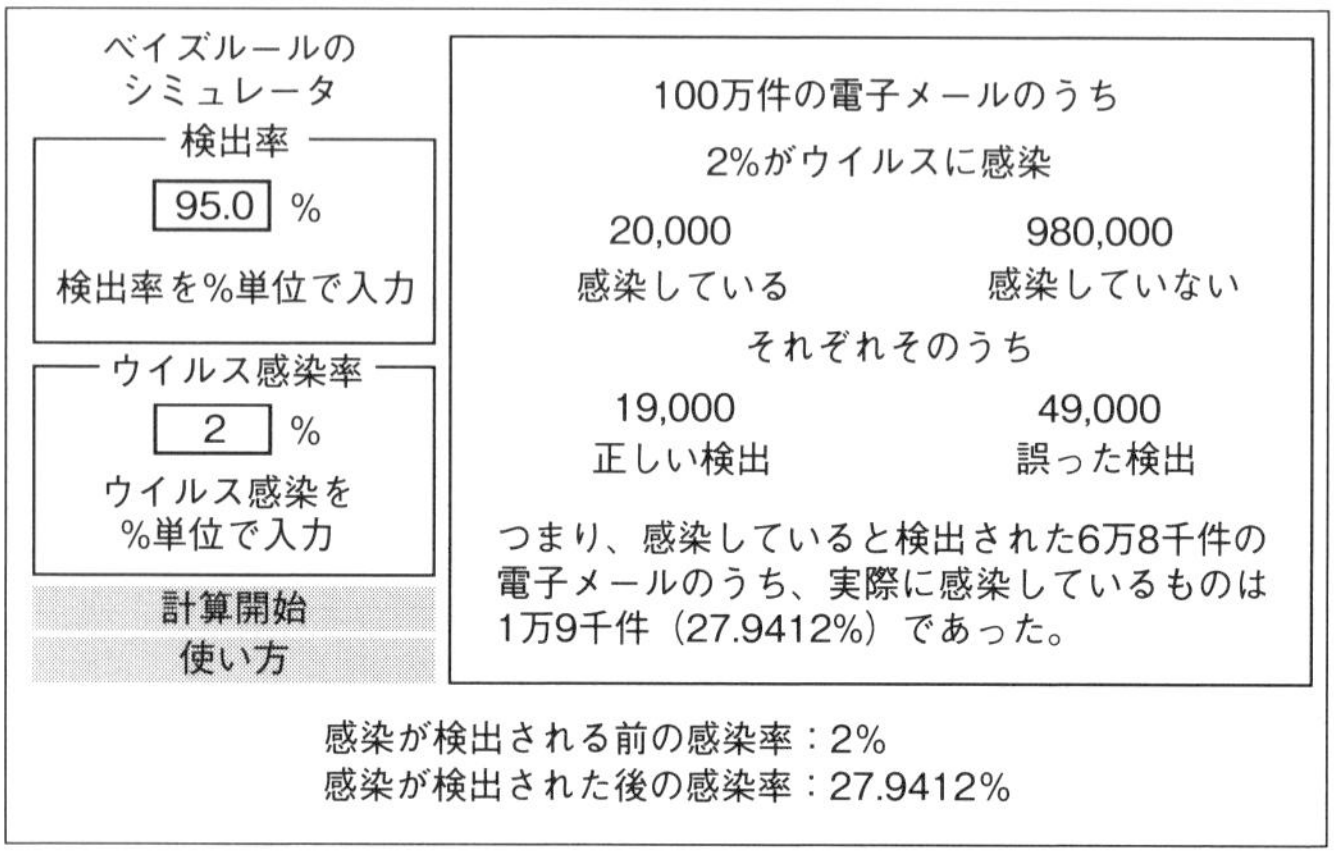

図 18　ベイズ理論の単純な応用例(4)

択するのに必要かつ適切な情報を新たにえることができた。明らかに、彼女は定期的に検疫用フォルダを確認すべきだろう。

ベイズの定理は、ジルが行った推定を次のよく知られた公式でまとめてくれる。

$$P(A|B)=\frac{P(B|A)\times P(A)}{P(B|A)\times P(A)+P(B|A^c)\times P(A^c)}$$

ベイズの定理が示していることをもう少しだけ整理しておきたい。ジルは賢い少女だ。その友人のマギーはそうでもないとする。マギーはジルと同じウイルス対策ソフトを使用していて、同じくらいの数の電子メールのメッセージを受信しており、そのうち感染しているメッセージの量も同程度だとする。ジルはマギーに定期的に検疫用フォルダを確認すべきだと説明したが、マギーは驚いてしまう。マギーは、メッセージが感染していたならウイルス対策ソフトがブロックしてくれて、

検疫用フォルダにはウイルス対策ソフトでブロックされたメッセージしか含まれないのだから、そこにあるメッセージはすべて感染しているに違いないと考えていた。より定式化していうと、マギーは、もしAであればBとなる時、Bという前提ならばAとなると推論した。ジルはマギーへ次のように説明するだろう。その推論はよくある間違いで論理的に誤っているが（誤謬）、まったく恥じることはない。もう一度、ベイズの定理を見てみよう。式のなかに$P(B|A^{C})$とあったが、A^{C}（絶対補集合）はAの否定表記に過ぎない。$P(B|A^{C})$はウイルス対策ソフトによりブロックされたメッセージが感染していない時に（A^{C}）、メッセージがブロックされる（B）確率を表す。さて、わたしたちが完璧な、誤検出しないウイルス対策ソフトを手に入れたと仮定しよう。これにより誤検出はゼロになる。誤検出が存在しないとなると、ベイズの定理に従い、$P(B|A^{C})=0$であれば$P(A|B)=1$となる。これは別の意味合いも示唆しており、なるほど、AがB（BがA）の必要十分条件である時、BであればAといえ、これは誤謬でなく、マギーが考えていたことに等しい。しかし、偽陽性（誤検出の可能性）が存在するとしたらどうだろうか。その場合、$P(B|A^{C})>0$であれば$P(A|B)<1$が導かれる。この式はいま問題視している誤った推論と強い家族的類似性をもつが、この点もまたマギーの頭の中にあったことなのかもしれない。いずれにしろマギーは（確率を無視し）、手っ取り早く、それらのメ

（4）原書ではMikhael Shor（https://www.gametheory.net/（アクセス日：2021/6/10））の「ベイズルールのアプレット」による実行結果として示されているが、当該アプレットはもはや公開されていない。

ッセージが検疫用フォルダにあったという事実から導かれる情報にのみ焦点を合わせていた。あとで悔やむよりはひとまず安全な方がよいという賢明な助言にもとづき、マギーは検疫用フォルダに入れられたコンテンツすべてを危険であると考えた。結果として、マギーは倹約的——ジルよりも少ない件数のメッセージしか信頼していない——といえるが、まだまだ未熟者でしかない（彼女は、正確にいえば誤謬だけれども、再利用可能な推論に依存しその場しのぎの方法で、周りの環境から有用な情報を抽出しているに過ぎない）。この話が分かりにくい場合、次に示す最後の例を読んでほしい。

ジョンは、もしバッテリーが切れているのならエンジンがかからないことを知っている。残念ながらエンジンはかからず、そこでジョンは修理工場へ電話をする。修理工はジョンに、バッテリーが切れているならエンジンはかからないということを前提として、エンジンがかからないのならばバッテリーが切れている状況に違いないと伝える。ジョンは娘のジルからベイズの定理について教えてもらっていたため、修理工の推論に誤りがあることを知っている。彼はまた、大抵の場合はうまくいく近道のように、その推論がかなりの程度で正しいことも知っている。平均していうと、エンジンがかからずノイズも聞こえないのであれば、完全にバッテリーが切れている状況とみなしてよい。修理工は近道を選択しただけだが、「おそらく」と付け加えておくべきだった。

第8章　情報の倫理学

ここまで多様な情報概念について見てきたが、まもなく終わりを迎える。この本は、情報革命について確認するところから始めた。そして、ついにその倫理的な意味合いについて考える時がきた。

前章までで、ＩＣＴがわたしたちの生活にもたらした重要な変化を描いてきた。倫理的な生活が情報と極めて関連の深いゲームのようなものだとするなら、「情報の生活」を激変させる技術は倫理的なプレイヤーにとって深い倫理的な意味合いをもつ。本書では単なる通信技術の変化にとどまらず、存在論的な変革について議論してきたことを思い出してほしい。ＩＣＴは倫理的な問題が引き起こされる文脈自体を劇的に変容させた。その変容は古くからある問題に新たな興味深い次元をもたらすだけでなく、わたしたちの倫理感を根底から揺るがせている。それがどのようなものかを次に見ていきたい。

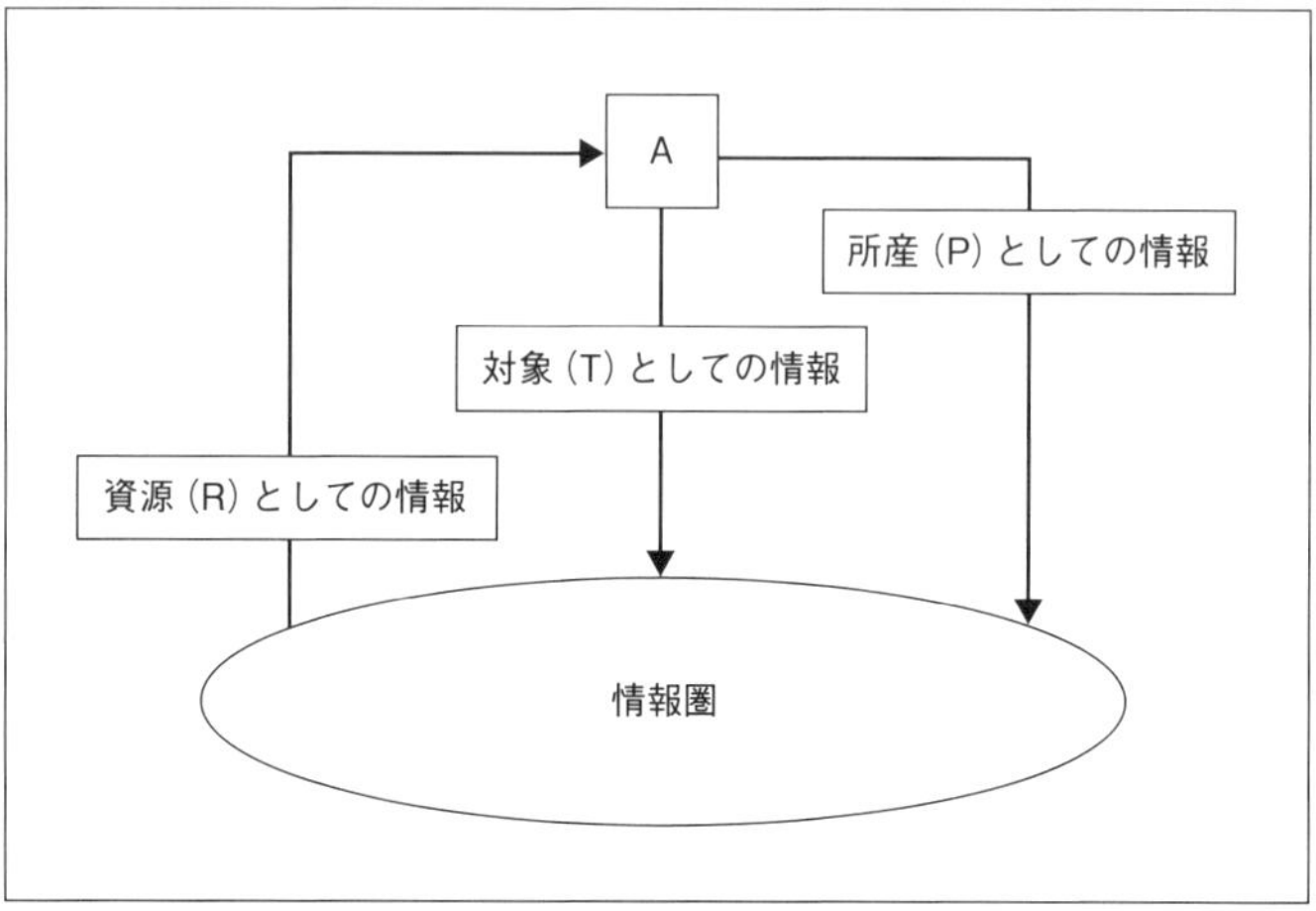

図19　「外的な」RPTモデル

新たな環境的倫理としての情報倫理

ＩＣＴは動作主の倫理的生活に多くの面で影響を及ぼす。単純化のため、ここでは三つの観点から体系化して整理したい。まず、倫理的な動作主Ａがいると仮定しよう。Ａは自身がおかれた状況で自分が最適と考える行動を追求する。Ａがくだす評価やＡが他と交わすやり取りには何らかの倫理的価値が含まれていると想定するが、まだこの段階では特定の価値について考える必要はない。直観的にいうと、Ａはある情報を利用して（資源［Resource］としての情報）、他に何らかの情報を生みだし（所産［Product］としての情報）、そうすることで自身の情報環境に影響を及ぼす（対象［Target］としての情報）。図19はこの単純なモデルを図式化したものだ。この図は情報倫理に関する多数の問題に切り込んでいく上で、ひとまずの足がかりとはなるだろう。以降はこのモデルを、資源・所産・対象を表す英語の頭字語にもとづき、ＲＰＴモデルと表記したい。

情報に関わる現象は多様な形態で以前から生じていた根源的なものだが、ＲＰＴモデルはこの点をより明確にし、特定の技術が過度に強調されてしまう状況――この傾向はコンピュータ倫理において顕著だ――を修正するのに役立つ。これはウィーナーの見解でもあったが、コンピュータ倫理の概念的基盤が抱えこむ多様な課題は、ほぼ間違いなく、それらが環境的な倫理問題としていまだに認識されていないという事実と深く結びつく。本来、コンピュータ倫理の議論では情報圏における生態系管理や幸福といった課題に関心が寄せられるべきである。

一九八〇年代に誕生して以来、情報倫理の研究はＲＰＴモデルにおける三本の矢印のどこかから生じる倫理問題を扱うものと位置づけられてきた。

「資源としての情報」倫理

まず、Ａがくだす倫理的な評価やＡのとる倫理的な行動に欠かせない資源としての情報について考えてみたい。倫理的な評価や行動には認識論的な要素が含まれる。Ａは自身がもつ情報にもとづき、ものごとに取り組むことが想定されるためだ。いいかえればＡは、ある状況下においてできること、やるべきことについて（よりよい）結論を導き出すために自身が扱いうる情報を利用している。ソクラテスの議論によれば、倫理的な動作主は必然的にその状況で必要とされる有用な情報をできるだけ多くえることに関心をもち、より多くの情報をえた動作主は正しいことをより行いやすい。その後に生まれた倫理的主知主義では、不道徳な倫理的に誤っている行動の原因を情報が不十分だったことに見出す。逆にいえばAの倫理的責任能力はAがもつ情報の程度に比例する傾向にあり、いいかえればAのもつ情報が減れば、通常、Aの倫理的責任能力も下がる。この意味において情報は法的証拠として扱われる。あるいは、Aは十分な情報をえた上で意思決定・同意・参加したと第三者が語る時も同様の意味が込められている。たとえばキリスト教的な倫理観に照らすと、事実に反する評価がなされてしまう可能性があるため、罪を犯した当人が十分な情報をえられていなかったという点から最悪の罪であっても許されることになる。もしAが適切に情報をえられていたならば、Aは異なる行動をとり、したがって罪を犯すことはなかっただろう（「ルカによる福音書」二三章三四節）。宗教的な例から離れるとすれば、情報という資源を管理し損ねたために悲劇的な結果がもたらされることになる『オイディプス王』や『マクベス』を思い出してもらえればよいだろう。

資源という観点からすると、倫理的な機械が適切に機能するにはかなり大量の情報を必要としているように思える。しかし、資源としての情報に焦点を絞ったここでの分析枠組みにおいてでさえ、つまり情報圏の意味論的な側面に限定した時においてでさえ注意が必要だ。そうでないと、倫理的な言説が、情報という資源の量や質、そしてその分かりやすさといった話に単純化されてしまいかねない。より多い方がよりよいというのは絶対的なことでなく、常に最良とも限らない。情報を（時にはあからさまに、意図的に）なくすことにより、重要な差異が生まれる。Ａが倫理的により望ましい目標を達成するためには、ある情報を失う（あるいは、ある情報へアクセスできないようにする）必要があるかもしれない。たとえば匿名性を保護する場合や公正な取引を拡大する場合、バイアスがかかっていない評価を行う場合などだ。ジョン・ロールズの有名な「無知のベール」概念は、公正としての正義という概念を導出する上で、資源としての情報におけるこの側面をまさしく利用している。情報をえた状態にあることが常に喜ばしいこととは限らない。時に倫理的に誤っている場合もあれば、危険な場合さえありうる。

資源としての情報が（量的または質的な意味で）ある場合もあれば、あるいは（まったく）ない場合もあるだろうが、いずれにせよ情報倫理という領域では情報に関する倫理的な諸問題が研究対象となる。ここでいう倫理的な諸問題は情報という資源の形式や種類、物理的な媒体とは関係なく、その利用可能性やアクセス可能性、正確性という側面から生じる。資源としての情報と絡む倫理的な課題の例としては、いわゆるデジタル格差や情報過多、情報の信頼性および信憑性といったテーマがあげられる。

「所産としての情報」倫理

次に、情報が重要な倫理的役割を担うという意味で密接に関係する側面として、Ａがくだす倫理的評価やＡによる行動の所産としての情報について説明しよう。Ａは情報の消費者であると同時に情報の生産者でもあり、機会を活かすことができる一方、制約を受ける対象となるかもしれない。このような制約と機会という側面があるからこそ倫理的な分析が必要とされる。つまり、所産としての情報という側面から情報倫理をとらえた場合、考察の対象にはたとえば説明責任や法的責任、名誉毀損、証言、盗用、広告、プロパガンダ、誤情報、より一般的にはコミュニケーション上のルールなどの文脈で生じる倫理的な諸問題が含まれる。この種の情報倫理問題に即していうと、イマヌエル・カント（一七二四―一八〇四）により提示された嘘をつくことの不道徳性に関する議論が哲学の領域ではよく知られた例だろう。トロイアの王女カッサンドラと神官ラオコオンが、ギリシアの軍勢が残した木馬を市内へ入れることに対して再三警告したにもかかわらず皆に聞き入れられなかった話は、情報という所産をうまく管理しなければ悲劇が生じうるということを物語っている。

「対象としての情報」倫理

Aが情報を入力すること（資源としての情報）や出力すること（所産としての情報）とは別に、第三の意味から情報が倫理的な分析対象となる側面がある。いいかえればAのくだす倫理的な評価やAによる倫理的な行動が情報環境に影響を及ぼす場合が他にもあるということだ。この例には、誰かのプライバシーや秘密を尊重すること、あるいは侵害することが含まれる。別の例としてはハッキングがあげられ、これは（通常コンピュータである）情報システムへ無許可でアクセスすることと理解されている[1]。ただしこの側面は、資源としての情報倫理という概念枠組みのもとで誤って論じられることが多い。このような誤りを認めてしまうと、たしかに情報へはアクセスしたが、その情報を利用（ましてや誤用）はしていないとハッカー側が自身の行為を弁護可能となりかねない。しかし厳密に理解するのであれば、ハッキングはプライバシー侵害の一形態だ。ここでの問題は、許諾なしにアクセスされた情報を用いてAが何かを行うことにあるのでなく、許諾なしにAが情報環境へアクセスしたことにある。つまりハッキングに関する分析は、対象としての情報倫理の範疇に属す。他の問題としてはセキュリティ、破壊行為（焚書やコンピュータウイルス散布など）、著作権侵害、知的財産、オープンソース、表現の自由、検閲、フィルタリング、コンテンツ規制などを含む。ジョン・スチュアート・ミル（一八〇六―一八七三）による「思想と討論の自由」[2]は、対象としての情報倫理に関して記された古典的論考だ。ジュリエットは自身の死を装い、ハムレットは父の復讐の手はずを整えたが、これらの例は、自身の情報環境の管理が不確かな場合、悲劇がもたらされかねないことを示している。

（1）　ハッキングは、もともと高度な技術力をもってコンピュータを扱うことを指していたが、悪意のある行為であるクラッキングと混同されて使われることが増えている。
（2）　訳語は次を参照した。ジョン・スチュアート・ミル『自由論』関口正司訳、岩波書店、二〇二〇、三九―一二四頁。

情報倫理に対するミクロ倫理学的な接近法の限界

情報倫理の問題は多様で異なる解釈が成り立つ。そのような複雑な問題に対峙する上でRPTモデルはひとまずの足がかりとなり役立つ。とはいえこのモデルは二つの点から適切ではないと批判が可能である。

まず、このモデルはあまりにも単純化しすぎているという批判だ。複数本の矢印にまたがった重要な情報倫理の問題が多々あることは論をまたない。読者の中にはすでにそのような例をいくつか頭に浮かべた方もいるかもしれない。誰かの証言は、誰か他の人にとっては信憑性の高い情報となるだろう。Aの責任はAが保有する情報により決定されるかもしれないが、Aが公表する情報に関することかもしれない。検閲は情報の利用者であるAと生産者であるAという双方の面に影響を及ぼす。偽情報（誤った内容や誤解を生む内容のものを意図的に作成・流通させること）は三本の矢すべてと絡む情報倫理の問題だ。表現の自由もまた倫理的に問題視され頒布すべきでない場合もあるため、度が過ぎる内容のもの（例　児童ポルノ、暴力的な内容のもの、社会的・政治的・宗教的な観点から冒とく的なものとみなされかねない言明）の利用可能性に影響を及ぼす。

もう一つのありうる批判は、このモデルが十分に包括的といえないというものだ。モデル上に配置できない重要な問題があるという指摘である。複数の矢の間での相互作用から生じる問題、あるいはその相互作用に併発して生じる問題もありうる。重要な例を二つあげておこう。

一つは「ビッグブラザー」[3]だ。つまり、Ａに関係するかもしれない情報が監視・統制されるという問題である。もう一つは所有（著作権や特許の法制度に関する問題を含む）や公正な利用（フェアユース）に関する議論だ。これらの側面は情報環境を形成するとともに、利用者・生産者の双方に影響を及ぼす。

このような批判は妥当である。ＲＰＴモデルはたしかに不十分だ。だが、不十分であるからといって改善できないわけではない。ここで提示した三本の矢からなる分析は、部分的には有用だが、全体としては不満足なものにとどまっている。なぜなら、複数の矢のうちのただ一本を軸とし情報倫理について論じるのは問題を矮小化しかねないためだ。前述の例が示すように、情報倫理をミクロ倫理学――つまりは実務的・領域依存的・応用的な倫理学、あるいは専門職志向の倫理学――として狭く解釈しようとすると、非常に多様な課題に対応できない。さらにいえば、それら多様な課題自体が覆い隠される、あるいは説明できない状態に陥ってしまう。このことが示すのは、個別バージョンの情報倫理モデルでは、つまり情報サイクルのある側面のみを切り出すやり方では満足した結果がえられないということだ[4]。このモデルを鳩の巣原理のように使うべきではないし、そもそも不可能である。むしろ置き換え可能なものとしてこのモデルを活用するのが望ましい。何に置き換えるかというと、マクロ倫理学として情報倫理を

（3）ビッグブラザーはジョージ・オーウェルの小説『一九八四年』に登場する監視者であり、しばしば監視社会を揶揄するときに使われる言葉である。

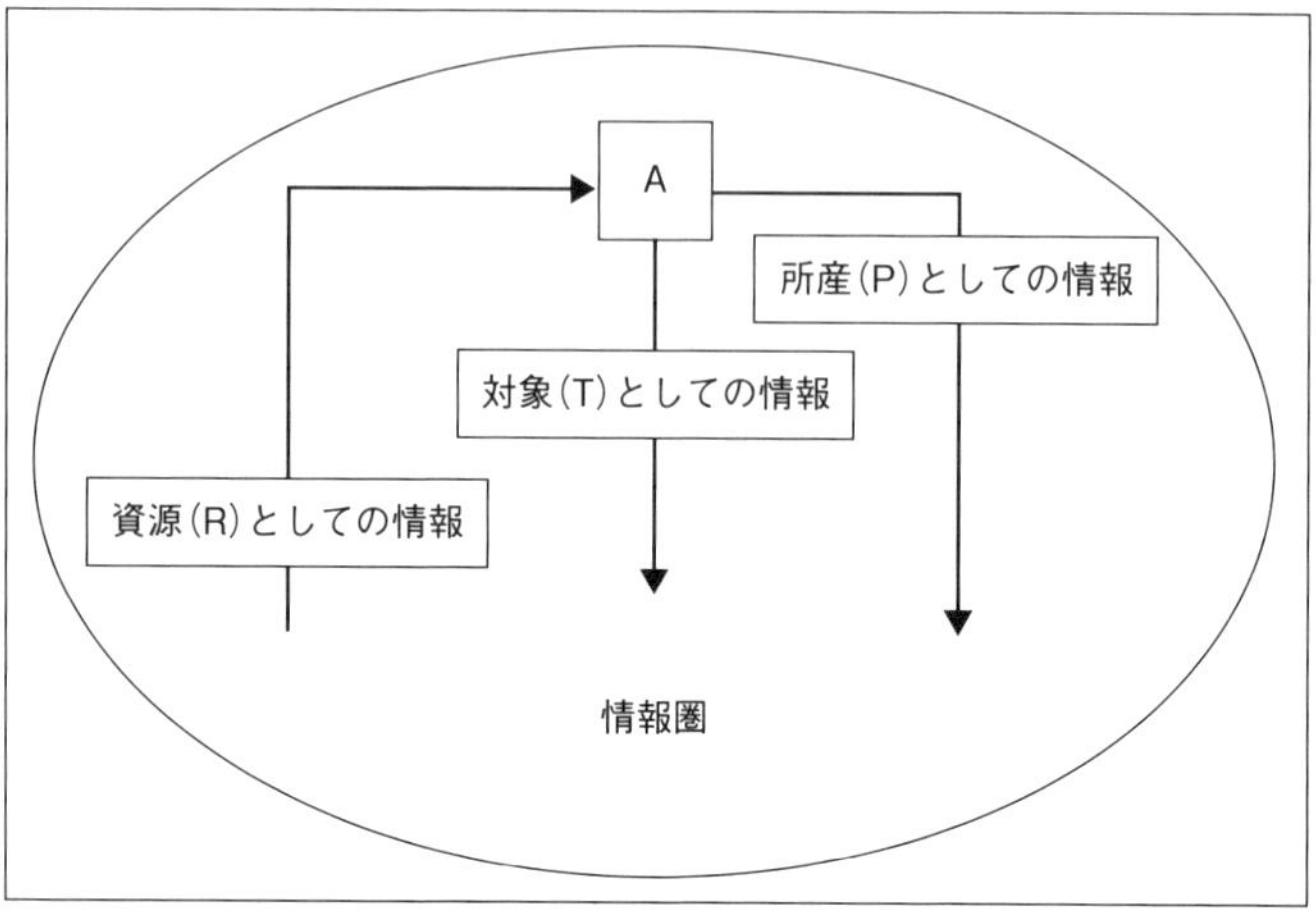

図20　「内的な」RPTモデル

より包括的にとらえる接近法が考えられる。これは理論的で領域に依存しないが、応用可能な倫理学といえる。

　より包括的に情報倫理の問題へ接近するには三つの段階を必要とする。まず、三本の「情報の矢」をまとめなければならない。次に情報サイクル全体を考える必要がある。最後に、第1章で論じたが、情報圏の本質において存在論的な変容が生じていることに真摯に向き合わねばならない。これらはつまり、関係するすべての実体（倫理的な動作主Aを含む）、それらの変化、動作、やり取りを情報の観点から分析するということ、そして情報の系そのものである情報環境の一部として関係するすべての実体をそれらが属す情報環境から切り離すことなく取り扱うべきことを意味している。最初の二つの段階では特有の問題は引き起こされず、情報倫理問題に対する他の接近法とも共有されるものかもしれないが、三つ目の段階は重要で、ここで問題としている「情報」の存在論的概念に更新を迫る。ミクロ倫理学では情報倫理の問題を狭く解釈することにつながってしまうことを先に見た。だからこそ、分析の範囲を（事実と一致する）意味論的内容に狭めてはいけない。情報倫理の問題に対しては、生態学的に接近し、情報を実体と同様に扱う必要がある。いいかえれば、わたしたちはこれまで情報倫理の問題を認識論または意味論の観点からとらえてきたわけだが――この場合の情報はおおまかにいってニュースや各種コンテンツに等しい――、そうではなく、世界に存在するパターンや実体として情報を扱い、存在論的に情報倫理の概念をとらえる必要がある。図20はＲＰＴモデルの修正版である。動作主が同じ情報環境内にある情報の動作主または情報有機体として具象化され、埋め込まれているのが見て取れるだろう。

このような新しい考え方を理解する上で、次の単純なアナロジーが役立つかもしれない。まず仮に、化学的な観点から宇宙全体を眺めてみるとしよう。すべての実体と処理過程は、ある程度、化学的に記述できるだろう。たとえば人間はその大半が水で構成されている。では情報

（4）　鳩の巣原理とは、ｎ羽の鳩をｍ個の巣箱に入れる際、ｎ＞ｍであれば、少なくとも一個の巣箱には一羽以上の鳩が入ることになるという原理である。この箇所では、多様な倫理問題を単純なＲＰＴモデルにすべて還元するのは難しいことが比喩的に表現されている。

の観点から眺めるとどうだろうか。同じ実体は、一連のデータ群として、つまり情報オブジェクトとして記述できる。より厳密にいえば、（他の実体と同じように）動作主Aは離散的・自己完結的で、カプセル化されたパッケージであり、次の二側面を含む。（ⅰ）対象となる実体の性質を構成する適切なデータ構造（ここでいう実体の性質とはオブジェクトの状態、オブジェクト固有の同一性、そしてその属性のこと）。（ⅱ）多様なやり取り、または刺激、つまりは他のオブジェクトから受けたメッセージや自身内の変化により活性化される作用・機能・手順の集合（その集合にもとづき、オブジェクトがどのようにふるまうか、あるいは反応するかが決定される）。この観点の分析では、一般的な生物系ではなく、情報からなる系が動作主と被動者の役割を与えられることになる。その周りの環境的な処理過程、変化、相互作用についても、同様に情報の観点から記述されることになる。

情報倫理の本質を、認識論的にではなく存在論的に理解しようとすると、情報倫理が意味するところの範囲もまた変わらざるをえない。生態学的な情報倫理にもとづけば、ミクロ倫理学の接近法が抱える限界を克服し、情報のライフサイクル全体を包括的にとらえる視点がえられるだけでなく、マクロ倫理学、つまりは現実の総体に関する倫理学としての役割を主張することも可能となる。次節ではこのマクロ倫理学について説明しよう。

マクロ倫理学としての情報倫理

倫理問題に対する一般的な接近法として情報倫理の視点を組み込むに当たっては、環境倫理との対比から考えていくと分かりやすい。環境倫理学では、生命の本質的な価値や苦痛の本質的な負の価値にもとづき、生物的な実体と生態系の倫理的な位置づけについて研究がなされている。これは生命中心主義といえるだろう。環境倫理学では被動者志向の倫理が模索されてきた。ここでいう被動者とは人間に限らないあらゆる生命体のことを指す。さらに土地倫理では被動者の概念を環境のあらゆる構成要素へ拡張しているが、これは情報倫理が提唱する接近法に近い。そこではあらゆる形態の生命が、他の生命がもつ権利や利益と対比させた場合、少なくとも最低限は、また相対的には——つまり、あるものの権利が別のあるものの権利より優先される場合がありうる——、尊重されるに値する、そして尊重されることを要求可能な必須の特性をもち、倫理的な利益を享受しているとみなされている。生命中心主義にもとづく倫理学によれば、自然と、あらゆる動作に対する被動者（受け手）側の状態とが、（少なくとも部分的には）倫理的な議論の対象となる。被動者の状態は相互作用の一方の極である動作主に対するいわば申し立てとなる。それらの申し立ては、原則的に、動作主がくだす倫理的判断の指針となるべきものだし、動作主の倫理的な行動を制約するものとなるべきだろう。この場合、動作の「受信者」である被動者が倫理的な言説の核になるものとして位置づけられ、倫理的議論の中心に配置されることになる。一方で倫理的な動作の「送信者」である動作主は周辺に追いやられる。

さて次に、「生命」を「存在」に置き換えてみよう。そうすることにより、情報倫理の意味するところが明確になっていく。被動者志向の生態学的な倫理学ではあるが、生命中心主義は存在中心主義に修正される。これは生命よりもさらに根源的な何かがあることを示唆している。すなわちそれは「在ること」であり、いいかえれば存在であり、すべての実体やそれらの環境が豊かな状態であることだ。同時に、苦しみよりもさらに根源的な何かがあることも示唆されており、それはエントロピーである。ただしここでいうエントロピーは、第5章で見た熱力学的なエントロピー概念、あるいは系の乱雑さの度合いとは断じて異なる。ここでのエントロピーとは、情報オブジェクトの破壊、破損、汚染、喪失といったことで——意味論的内容としての情報だけではないことに留意されたい——、いわば現実が悪化してしまう場合のあらゆる形態を指す。さて、このような視点をもつ情報倫理学であれば、「在ること」の全体像を情報の観点から理解する上で欠かせない共通の語彙を提示可能となるだろう。まず「在ること」または「情報」には本質的価値が含まれるという前提がおかれる。あらゆる情報実体は自身の状態を持続させ、その存在や本質をよりよく豊かにしていく権利をもつととらえることにより、この前提は具体化される。そのような「権利」を認めることにより、情報倫理学では、情報圏の発展に寄与しているかという点から倫理的な動作主が評価され、ある実体に限定せず、情報圏全体に負の影響を及ぼすあらゆる処理過程、動作、事象がエントロピーを増大させる悪いものとみなされ、分析されることになる。

情報倫理の文脈においては、情報の観点からとらえられるあらゆる実体が議論の対象となる。つまりすべての人々、それらの文化、幸福、社会的相互作用といった側面だけでなく、動物、植物、それらの自然生活にとどまらず、絵画や書籍、星や石などの存在するものすべてが対象に含まれる。あるいは将来世代など、存在しているかもしれない、あるいは存在することになりうるものも、さらには、わたしたちの祖先や古代文明など、かつて存在していたがもはや存在しないものも対象となる。情報倫理は公平かつ普遍的なものだ。なぜなら情報倫理は極限までその範囲を広げ、物理的に実体化されているか否かにかかわらず、情報の観点からとらえられるあらゆる存在を（どんなに小さいものであろうと）倫理的な要請を行うものとして考えるからだ。このような点から、情報倫理では「在ること」が表現されたものとしてすべての実体をとらえ、それら実体の尊厳を認める。ここでいう尊厳とは、存在と本質の様態（ある何かがある何かであることを成立させる基本的性質がすべて含まれた集合）により構成されたものを指すが、それは（優先順位は変わりうるが、少なくとも最低限は）尊重されるに値するものであり、したがってやり取りする動作主に対していわば倫理的な申し立てを行い、動作主の判断や動作に影響を及ぼすべきものとみなされる。この存在論的な平等主義が意味するのは、現実のあらゆる形態（情報または「在ること」のあらゆる具体例）は、何かが在るという事実に単純に従い、その性質に適したやり方で存在・発展する権利を、優先順位は変わりうるが、最低限、初期状態から平等に有しているということだ。この存在論的な平等主義と意識的に向き合うには、客観的な観点から、つまりできるだけ人間中心主義でない観点から倫理的な状況を公平無私に判断する姿勢が前提となる。このような認識的徳の概念がなければ倫理的な行動は期待しにくい。裏返すと、公平な、普遍的な、気遣うような動きがなされれば、存在論的な平等主義が実際に成り立つ。また、このような接近法の根底には動作主と被動者を結びつける存在的信託（ontic trust）という考え方がある。この存在的信託という概念を社会契約概念とのアナロジーから明確にしたい。

倫理学における契約主義（contractualism）と政治哲学における契約論（contractarian-ism）には多様な形態があるが、そこでは倫理的な責任、政治的な服従義務、社会制度的な正義というものが、いわゆる社会契約により下支えされていると議論されてきた。社会契約とは、社会を構成する集団同士により交わされる仮想的な合意だ（例　国民と君主、コミュニティのメンバー同士、個人と国家）。それぞれの集団は契約条件を受け入れることに合意し、（真偽のほどは定かでないが）仮想的な自然状態で享受しただろう自由と引き換えに権利をえる。その合意内容に契約している集団がもつ権利と責任は社会契約の諸条件と等しい。社会、国、集団などは、その合意内容を実効性のあるものにするため生みだされた実体とみなされる。また、権利も自由も固定化されておらず、社会契約の解釈に応じて変わりうると位置づけられる。

社会契約論の議論は、えてして（そして気づかないうちに）人間中心主義となりやすく、またそこでは合意内容の強制力に焦点がおかれる傾向にある。他方、存在的信託の概念にはそのような性質がない。ただし倫理的なやり取りの基盤になるものとして、集団間で合意を交わすという基本的な考え方は同じだ。存在的信託の場合、そのような集団間の合意は原始的で、完全に仮想的な協定に変換される。この形態は当然、社会契約より前から存在するものであり、すべての動作主が出現時に署名することはできないまでも、続く世代で連綿と更新されていくととらえられる。

イングランドの法体系において信託とは、ある人（委託者または寄贈者）の資産だったものを、別のある人または実体（受益者）のために、誰か（受託者）が保有・管理するという実体のことをいう。厳密にいうとこの場合、誰も資産を所有していない。なぜなら委託者は資産を寄贈済みであり、受託者は法的な意味合いで保有しているに過ぎず、また受益者もエクイティ（衡平法）上の所有権をもつに過ぎないためだ。この種の合意を論理的に整理し、存在的信託を次のとおりモデル化してみたい。

・資産や「コーパス」[5]は、世界により表現されたものであり、あらゆる既存の動作主と被動者を含む。
・寄贈者（委託者）とは、過去および現在の世代からなる動作主のことである。
・受託者とは、現在における個々の動作主のことである。

（５）　ここでは信託の概念になぞらえて元本のこと。

・受益者とは、現在および将来における個々の動作主と被動者のことである。

ある動作主は、その動作主が出現する前に他の実体がすでに存在することにより存在しうる。したがってある動作主は、否応なく、かつ必然的に、すでに存在するすべてと結びつく。またそれは気遣いあうものでなければならない。否応なくとは、すべての動作主は理論上、動作主から動作主自体となることは可能だが、動作主がその動作主自体を生みだすことはできないためである。必然的にとは、動作主として存在しなくなるという代償を払うことによってしか、動作主はその存在との結びつきをなくすことができないためである。倫理的に生きるということは、自由な活動から始まるものではなく、自由な活動で終わるもののことなのかもしれない。また動作主を含め、あらゆる実体が現実に参加しているということ、つまりあらゆる実体は存在するものの表現であるという事実が存在する権利をもたらし、かつ（義務ではなく）他の実体を尊重し、気にかけることへつながる。これが、先に触れた気遣いあうという意味合いだ。この協定のようなものに強制力はないけれども、そこには好意的評価、感謝、配慮といった相互関係がある。そしてそれらは、すべての実体が互いに依存し合っていることを認識することにより醸成されるものだ。存在は、たとえ望んでいなかったとしても、贈与から始まる。胎児は、世界の受益者に最初は過ぎないだろう。誕生後、彼女は倫理的な動作主になっていく。やがてひとりの個人として、彼女は世界の受益者であると同時に、受託者となるだろう。彼女は、世界を保護する責務を担うようになり、現世代の動作主の一員として存在する限りにおいて、彼女はまた世界の寄贈者となるだろう。やがて死が訪れ、彼女は世界を他の動作主に任せることになるが、これはつまり、寄贈者の世代の一員となったということだ。まとめると、人間という動作主の人生は、受益者でしかないという存在から、世界に対して責任をもつ受託者という存在でもある段階を経て、やがて寄贈者でしかない存在へと至る行程のことをいう。わたしたちは倫理的な動作主としてのキャリアを、まずは世界のよそ者から始め、最後には世界の友人として終えることになるのが望まれる。

存在的信託によりもたらされる義務や責任は状況に応じて多様だが、基本的には、世界全体の幸福という観点からとるべき行動が取捨選択されることが望ましい。

存在論的な観点で抜本的に変えていくことが極めて重要になっている。生命倫理や環境倫理は完全に公平なレベルにまで達しきれていない。なぜなら、それらにおいてはまだ、生命のないもの、死んだもの、無形のもの、あるいは抽象的なものが軽視されているためだ（土地倫理においてでさえ、技術と人工物は軽視されている）。生命倫理や環境倫理の観点からすると、直観的に生きているもののみが、どんなに小さいことであっても、倫理的な申し立てをするにふさわしいものとみなされている。そのため、生命倫理や環境倫理の範疇に宇宙全体は入っていない。この点こそが、情報倫理の観点により克服されるべき、根源的な限界といえる。満たされるべき最低条件を、あらゆる実体により共有されている共通要因、すなわち情報の観点からとらえた場合の状態にまでさらに下げていかなければならない。そうすることで、倫理的な課題の中心に情報倫理の問題を位置づけることが可能となる。「在ること」の形態は、どのような場合でも情報のまとまったかたまりでもあるため、情報倫理は情報中心主義であると述べることと、存在中心主義の理論として情報倫理を正しく解釈することとは同義となる。

　このように考えると、すべての実体は情報オブジェクトとしてかなり最小限の価値にとどまることもあれば、優先順位が変更される場合もありうるにせよ、根源的な倫理的価値をもつ。したがって、すべての実体は倫理的な被動者としてもとらえられ、平等に最低限の倫理的な尊重を受ける対象として位置づけられる。ここでいう倫理的な尊重とは、公平無私の心遣い、目配り、感謝のことと理解される。哲学者アルネ・ネス（一九一二―二〇〇九）が主張しているように、「生物圏にいるすべてのものは生きる権利・成長する権利を平等に有す」[6]。これに、より高次かつ広い存在中心的な観点を取り込まない理由はないように思える。生命のないものにとどまらず、架空のもの、無形のもの、知的なものにも最小限の倫理的な価値があり、それらはどんなにつつましいものであれ尊重される権利をもつ。

　アルバート・アインシュタインの手紙の一つに有名な一節があり、それは、情報倫理で提唱するこの存在的な観点をうまく要約してくれている。アインシュタインは他界する数年前に、妹を亡くし深く悲しんでいる一九歳の少女から手紙を受け取っていた。彼女は著名な科学者からなぐさめのことばをもらいたいと願っていたのだ。一九五〇年三月四日付けでアインシュタインは彼女に次のように返信している。

人間というものは、「宇宙」とよばれる全体の中の一部、時間的、空間的にかぎられた一部なのです。しかし人間は自分自身を、自分の思考と感覚を、自分以外の部分から分離された何かとして体験します。それは人間の意識の錯覚なのです。この錯覚はいわば牢獄であって、私たちはそのなかで、個人的な欲望や少数の身近な人たちへの愛情に束縛されているのです。私たちのなすべき業は、自らの共感の輪を広げることによって、この牢獄から自分を解き放ち、すべての人類と自然をその美のままに慈しむことでなくてはなりません。これを完璧になしうる人はいませんが、これをなそうと努めること自体が、解放ならびに内的な安寧の礎の一環をなすのです。(7)

ディープエコロジーの推進者らは、生命のないものも根源的な価値をもつことが可能だとすでに論じてきた。歴史学者リン・ホワイトは有名な論考で次のように記している。

(6)　原書で参照文献としてあげられているものは Naess（1973）だが、当該文献中に引用箇所は見当たらない。次の文献からの引用と思われる。B. Devall and G. Sessions, *Deep Ecology: Living as if Nature Mattered*（Salt Lake City, Utah: Gibbs Smith, 1985）, 67.

(7)　原書で参照文献としてあげられているものは Einstein（1954）だが、当該文献中に引用箇所は見当たらない。ここでは、フロリディによる次の論考の訳文から引用した。ルチアーノ・フロリディ「情報倫理の本質と範囲」西垣通訳『情報倫理の思想』西垣通、竹之内禎編、ＮＴＴ出版、二〇〇七、九一頁。

人は、岩に対して倫理的義務を負うだろうか？［これに応える形で］ほとんどのアメリカ人は、歴史上支配的なキリスト教の考え方でいまだに凝り固まっており……この問いかけを理解できない。仮に、このような問いかけをもはや不合理に感じる人たちがかなりの数になれば、まさに価値観が変容している証といえ、増大する生態学的危機に対応可能となるかもしれない。それにはまだ十分な時間が残されていることを願う(8)。

情報倫理の考え方に従うと、これは倫理的に正しいとらえ方といえ、かつ、あらゆる宗教・精神的伝統（ユダヤ・キリスト教を含む）とも整合する。宇宙全体は神の創造であり、宇宙全体には神が宿り、宇宙全体が人類への恵みなのであれば、その恵みは大切にされる必要がある。情報倫理ではこれをすべて情報に関した用語へ翻訳して考える。何かが倫理的な被動者になりうるのであれば、その性質は倫理的な動作主Aにより考慮され、そのことがどれほど最小限であろうと関係なく、Aの動作を形づくることにつながる。より形而上学的な表現でいえば、情報倫理においては、「在ること」のすべての側面と具体例は、おそらく最低限のもので優先順位も変わりうるが、初期状態から倫理的に尊重されるべき対象である、ということが論じられる。

倫理的に尊重されるべき対象の概念を拡大させることで、新しく力強い概念枠組みがもたらされ、それによりＩＣＴがもつ革新的な特性をわたしたちは理解しやすくなる。さらにいえば、理論的に堅固な観点から倫理問題へ接近する上で、それら諸問題の本質的な部分をうまく扱うことが可能となる。時とともに倫理学では、倫理的価値の中心に位置づけられる概念を、比較的狭いもの（市民社会）から次第により包括的なもの（生物圏）へと移行させてきた。人類がその生の大半を費やす新たな環境として（いわば新たなアテナイとして）情報圏が出現したことは、倫理的な被動者とみなせるものの概念をさらに拡大させねばならないことを物語っている。世界的にこのような普遍性が志向される近年の動向を反映し、情報倫理は、生命中心主義のバイアスを排除した生態学的な接近法ととらえられる。情報倫理学はまた、情報圏と情報オブジェクトという観点から環境倫理学を置き換えるものともいえる。わたしたちが存在する空間は、地球だけに限らない。

（８）　原書で参照文献としてあげられているものは White（1967）だが、当該文献中に引用箇所は見当たらない。White（1967）への批判に応えるために記された次の論考からの引用と考えられる。L. White Jr., 'Continuing the conversation,' in *Western Man and Environmental Ethics*, I. Barbour, ed (Addison-Wesley, 1973), 63.

エピローグ　自然（ピュシス）と技術（テクネ）の融合

わたしたちの自己理解に大きな変容が生じている（第1章）。生物であれ人工物であれ、他の動作主とＩＣＴを介してやり取りする機会は今後も増していくだろう（第8章）。このような点を考慮すると、ＩＣＴにより引き起こされている新たな倫理的課題に対峙するには環境的な接近法がもっとも望ましい。これは自然、あるいはこれまで見過ごされてきたものを特別視しなければならないという意味合いではない。そうではなく、人為的、合成的あるいは工学的につくられた人工物さえも含めて、自然、あるいはこれまで見過ごされてきたものを、偽りなくたしかに存在し、反応しあっているものとして扱う必要があるということだ。このような総体的な環境主義の立場からすると、ピュシス（ギリシア語で、ここでは自然本性や現実のこと）とテクネ（ギリシア語で、ここでは実用科学とその応用のこと）の関係性について、わたしたちはその形而上学的な見方を変更していく必要がある。

この「自然（ピュシス）」と「技術（テクネ）」が調和可能か否かという問いは、あらかじめ定められた答えをもち、のちにいい当てられるのを待っているような類のものではない。より現実的な問題であり、実行可能な解決策が求められている。たとえるなら、二種類の化合物をうまく混ぜ合わせることができるかという問いではなく、むしろ、結婚はうまくいくだろうかという問いといえるだろう。適切に向き合い努力していけば肯定的な答えがえられる余地は十二分にある。疑いようもなく、わたしたちの未来にとって、自然と技術の間の融合（結婚）がうまくいくかどうかは重要な課題となっている。そのため、持続的な取り組みが欠かせない。情報社会は、その発展のためにますます技術へ依存する傾向にあるが、同時に、さらなる豊かさを求めて健全な自然環境を必要としている。明日でなく来年、いや一〇〇年後や一〇〇〇年後のことを想像してみてほしい。わたしたちが幸福で、生息環境も良好な状態であることが望ましいわけだが、もし自然と技術が決裂（離婚）してしまったとしたら極めて悲惨な未来になっていることだろう。新技術に熱心な人々と環境保護の原理主義者らは互いに理解し合わなければならない。技術と自然の間の豊かな共生関係を目指す交渉が決裂してしまう事態は避けねばならない。

幸いにも、自然と技術との間の融合（結婚）は実現可能なことだ。もちろん、さらなる進展が欠かせないけれども。情報の物理的現象は、エネルギー消費が極めて大きく、環境にとってよくない可能性をもつ。二〇〇〇年時点でデータセンターにおいて消費される電力量は世界中の電力消費の〇・六％であったが、二〇〇五年時点でその数値は一％にまで増加していた。データセンターによる年間の二酸化炭素排出量はもはやアルゼンチンやオランダのそれを超えるほどだ。仮にこの傾向が続くとしたら、データセンターによる二酸化炭素排出量は二〇二〇年までに四倍増加し、その量は六億七〇〇〇万トンに達するという。その時までにＩＣＴ起因の二酸化炭素排出量は航空業界のそれを超えると予想されている。しかし最近の研究によれば、ＩＣＴの活用により、二〇二〇年までに温室効果ガスの年間排出量のうち八メトリックギガトン分を削減できるともいわれており、これは世界中の排出量の一五％に相当し、二〇二〇年にＩＣＴ起因で排出される想定量の五倍を超える量である。実に前向きで可能性を感じる調和の取り方だが、この流れに沿ってもう一つ最後に記しておきたい。

環境にもっともよい機械とは、エネルギー効率性が一〇〇％の機械である。残念なことにこれは永久機関に等しく、第5章で見たように夢物語に過ぎない。とはいえ、そのような不可能な目標に近づいていくことはできる。エネルギー消費を劇的に下げることは可能だし、エネルギー効率を飛躍的に上げることも可能だ（この二つは必ずしも同じことを意味しない。再生利用することと、より少ない労力でより多くのことをなすこととは違う）。いずれの側面も、情報の管理面で大きな改善がなされること（例　より効率的な処理が可能なハードウェアを構築・運用すること）により進展していく可能性がある。ここでわたしたちは、前章で触れたソクラテスの倫理的な主知主義を再解釈可能となる。わたしたちはよりよいことを知らないために悪いことを行ってしまう。ただし、よりよく情報を管理できるようになればなるほど倫理的に悪いことは生じにくくなるともいえる。ただし条件がつく。倫理学の中には、ある環境内の動作主がプレイする倫理ゲームでは動作主が必ず勝つことになると想定する立場がある。すなわち高得点をとることにより勝つのではなく、倫理的な失点や誤りが生じていない限り、おそらく非常に小さな点数をとることでも勝つことができるという意味合いである。あえてたとえれば、失点をゼロに抑え、一ゴールのみあげれば勝てるサッカーの試合のようなものだ。だがこのような独断的な見方は、他の異なる集団が適切な妥協点を過小評価してしまうことにつながりかねない。たとえば、二酸化炭素をある程度排出してしまう技術が環境保護主義者にはまったく受け入れられない状況を想像してみよう。逆に排出量を減らす技術が模索されていようがいまいが関係なく、である。むしろより現実的で魅力的な見方は、倫理的に悪いことが避けられないことを所与としつつ、悪いことには制限をかけ、よりよいこととの調和を図るというものではないだろうか。

自然と人間という資源（歴史的・文化的なものを含む）の双方が破滅、衰退、損壊してしまわないように、わたしたちはＩＣＴを役立てることができる。わたしの表現では、統合的な環境保護主義、あるいはｅ－環境保護主義（e-nvironmentalism）と呼ぶものにとって、ＩＣＴは貴重な味方となるだろう。わたしたちは「技術（テクネ）」を知識の継子扱いするギリシア的なものの見方に抗わなければならない。絶対主義者は、避けられない悪とよりよい善との間での倫理的な調和を図ることを受け入れたがらない。あるいは、自然主義こそが人間にとって真の次元であるとみなし、自然主義と構築主義との間に楔を打ち込もうとする、近代的、復古的、形而上学的な誘惑もあるだろう。やるべきことは、自然内における情報有機体や動作主としての役割と、自然の管理人としての役割とを調和させることである。そしてこれは実現可能な課題だ。奇妙なことだが、わたしたちはそのようなハイブリッドな性質をもっていることに徐々に気づき始めている。本書の第1章ではまさにこの自己理解が変容していっている過程・転機のことを「第四の革命」と呼んだ。

〈解説に代えて〉情報圏の構築に向けた複数のアプローチ——フロリディの情報論とネオ・サイバネティクス

河島　茂生

1　フロリディの情報論

情報哲学の準備

本書は、Luciano Floridi, *Information: A Very Short Introduction* (Oxford University Press, 2010) の邦訳である。原書は、オックスフォード大学出版局から長年刊行されているVery Short Introductionsの一冊である。Very Short Introductionsは、世界的に高く評価されているシリーズであり、日本の新書よりも難しいが読みごたえのある本が多い。本書も、そのような一冊といえるだろう。

著者のルチアーノ・フロリディは、一九六四年にローマで生まれ、大学院ではスーザン・ハーク（Susan Haack）のもとで哲学的論理学を研究し、マイケル・ダメット（Michael Dummett）のもとでポスドクとして働いた経験をもつ(1)。現在、オックスフォード大学インターネット研究所の教授であり、オックスフォード大学上廣応用倫理センターの卓越研究員も務めている。情報哲学や情報倫理が専門で、すでに一五〇以上の論文があり、その著作はアラビア語や中国語、ロシア語、日本語等に翻訳されている。図書館情報学に関する論文もあり、フロリディの情報概念を評価する声も上がっている（Bawden & Robinson, 2012=2019）。フロリディの主著は、*The Logic of Information: A Theory of Philosophy As Conceptual Design*（Oxford University Press, 2019）や *The Fourth Revolution: How the infosphere is reshaping human reality*（Oxford University Press, 2014）, *The Ethics of Information*（Oxford University Press, 2013）, *The Philosophy of Information*（Oxford University Press, 2011）といえるだろう。このうち *The Fourth Revolution* と *The Philosophy of Information* の2冊は邦訳が出ている（春木良且・犬東敦史監訳、先端社会科学技術研究所訳『第四の革命：情報圏（インフォスフィア）が現実をつくりかえる』新曜社、二〇一七；藤末健三訳『情報哲学大全』サイゾー、二〇二一）。本書で訳出した *Information* は、フロリディの単著のなかではもっとも分量が少なくコンパクトにまとまった書籍といえる。原書としては一〇年以上前に出版されているため具体的な例や数字は古くなっている箇所があるが、それでもこれから述べるように訳出する価値を感じる一冊であった。

本書はタイトルどおり情報がテーマである。情報とはいったいなにか。この問いは、実に簡単なようでいて、実に難しい。普段暮らしているうちは知っているように感じているが、いざきちんと説明しようとするとわからなくなってくる。そんな類いのテーマである。

多くの人は、ごく単純に「情報＝コンピュータで処理するデータ」となんとなく思い込んでいる。コンピュータ科学が桁外れに発展を遂げて、コンピュータの仕組みと合わせて「情報」が語られることが一気に増えたので、無理もない。情報といえばコンピュータだ。理系だ。そういった捉え方を信じ切っている人は、「情報とはなにか」という問いに悩むことはないだろう。明快そのものだ。第3章で解説されたクロード・シャノンのいう情報量で考えればよい。

しかし、「情報＝コンピュータで処理するデータ」という考え方では、うまく説明できないことも山ほどある。たとえば「この資料に知りたい情報はなかった」といった場合の情報は、それでは説明できない。資料に文字が刻まれているとすると、わずかであっても情報量はあるのであり「情報はなかった」というのは間違いである。実は厳密にいうと、たとえそこに文字がなくとも「文字が書かれていない」という情報はある。別様にいえば「情報がほしい」といわれたときに、意味をなさないデタラメな記号を並べ立てて返しても、そこには整然とした文章よりも多くの情報量が計算上はあるのだが、「情報がほしい」といったときの情報とはズレている。

このズレに気づく人はいる。けれども、「役に立つ知らせ」といった意味でたまに使われるというぐらいにしか多くの場合感じないだろう。これは「情報」という言葉が入っている分野を勉強したとしても同じだ。体系的に深く理解しようとする人は驚くほど少ない。情報という言葉が入っていることをまるで忘れているかのように勉強する人や、あるいは「情報＝コンピュータで処理するデータ」と思い込みコンピュータを使った応用にばかり興味関心を向ける人が多数である。

こういった残念な状況であるにもかかわらずフロリディは、きわめて大きな広い視座から学際的かつ重層的に情報を捉えている。そこで目指されているのは、いわば情報学的世界像なるものだ。偏狭な思考に凝り固まっている人たちには、もってこいである。「情報」という言葉がきちんと考えられずに使われているなかで、その概念の土台を形成しようとするフロリディの議論は一読に値する。

本書は、英米流の哲学の流儀にしたがって、情報にかかわるさまざまな概念が分類されて整理されている。データから枝分かれする見取り図を随所に入れてどのレベルの議論であるかを分かりやすく示しながら、数学的な情報だけでなく物理学的な情報もカバーし、さらには情報倫理までをも射程に収め「情報」の幅広さを伝えている。多種多様な情報を体系的に整理しようとする試みはあまたあるが、本書はフロリディの視点から複数の情報の結びつきを示し、一般の人たちを読者層として想定してコンパクトに書かれた案内書であるといえる。マクスウェルの悪魔やラプラスの悪魔、遺伝情報、ゲーム理論など、よく知られた例を使いながら書かれている。本書のタイトル『情報の哲学のために』のなかにわざわざ「ために」という言葉をつけたのは、本格的な情報哲学に入る前の段階のラフスケッチとみなせるからである。

第四の革命

フロリディは、いくつか人々の注目を引く言葉を考案しているが、「第四の革命」という言葉も生み出している。これは、本書の第1章でいわれているとおり、いわゆる情報革命である。第一の革命はコペルニクス革命、第二の革命はダーウィン革命、第三の革命はフロイト革命、そして第四の革命がチューリング革命である。よく知られているように、コペルニクスらの発見により、わたしたちの住む地球は宇宙の中心ではなくなった。ダーウィンの進化論により、すべての生き物は共通の祖先から自然選択のなかで複数に進化してきたのであり、人間が神の似姿として作られ神から特別に愛されているわけではないことが示された。さらにフロイトらの精神分析学によって、人間の理性があますところなく隅々まで見通して制御できるという幻想が打ち砕かれた。そしていま、わたしたちは第四の革命の真っ只中にいる。チューリングの計算モデルにより、機械も情報処理することが分かりコンピュータが次々と作られた。論理的な推論を行って知的な行動をするのはわたしたちだけではない。もうわたしたちは、自分たちを特別視できなくなってきた。

いうまでもなくわたしたちの社会は、ずいぶん前から情報社会と呼ばれてきている。一般的には狩猟採集社会、農業社会、工業社会、情報社会と移り変わってきたとされ、それに似た時代区分もよく見られる。フロリディのいう革命は、こうした時代区分とは違い、哲学者としてのアレンジを効かせ思想の変遷に着目したものだ。粗っぽい区分だが分かりやすい。大きな思想的変化を追うには役立つだろう。

わたしたちの社会は情報革命の最中にあり、大半の人は気にもとめないが「情報」をめぐる根源的な問いが切実なものとして急浮上してきている。こうした問題意識は、フロリディにかぎったことではないけれども、とりあえずフロリディ自身がどのように情報をマッピングしたかをみていこう。この情報概念の地図作りが本書の大部分を占めている。

情報の見取り図

フロリディのいう情報は、広い意味では本書三十頁より何度も掲載されている見取り図全体にあたるものだ。本書は、体系的ではない箇所もあるが、基本的にはこの見取り図に則りながらいろいろな学問で扱われている情報を解説するというスタイルで書かれている。この見取り図があることによって、読者が情報概念の森のなかで迷いこむことが防がれている。

フロリディは、まずデータから出発する。データとは、いってみれば「違い」のことであり、たとえばモールス信号の「・／ー」の違いやバッテリーの残量の「多い／少ない」の違いなどである。この違いは自然界にも人工物にもあり、この意味でのデータが一切なければすべてが一様で均一になってしまう。そのようなことが起きたら、それは宇宙の熱的死だ。このどこにでも見られる違い（＝データ）を出現確率に基づいて数学的に数量化したのがシャノンらの通信の数学的理論である。通信の数学的理論は、本書のなかで情報理論というよりも「データ通信の数学的理論」と呼ぶことがふさわしいと書かれているのはこれゆえである（本書六六頁）。

このデータは、きれいにとはいかないものの、環境的なのか意味論的なのかに分かれる。環境的なデータというのは、情報の提供者に着目する必要がなく間違う余地が少ない。年輪をみれば木の樹齢がわかり、リトマス紙が赤であると酸性であることがわかる。aがFであれば付随的にbがGである場合だ。人為的に作り出した関係であってもよいが、ルールや法則に基づく相関関係があるケースである。フロリディはわざわざ相関関係という言葉を選んでいるので、自然法則のように普遍的かつ必然的で相関係数の絶対値が1となる場合だけにかぎったことではないだろう。とはいえ環境的情報の条件をみたすには条件付き確率――aがFであればbがGとなる確率――が一定程度ありルールや法則に基づくつながりがなければならない。

意味論的というのは、少々硬い言い方であるが、内容があり意味を理解したり処理できたりすることを指している。たとえば「豆大福」という三文字は、この文字自体、もっちりとした餅の食感もなく餡の甘さもなく豆の塩気もない。お腹もふくれない。腐ることもない。しかし豆大福を食べた人なら、この三文字をみて実物の豆大福をイメージすることができる。もしかしたら「豆大福」の三文字をみてすぐに「食べたい」と思った人がいるかもしれない。これが意味するということだ。表現とそれが表すものとのつながりのことである。しかし意味するときには間違う場合がある。「豆大福」といっているにもかかわらず、いちご大福だったりアイスクリームが入っていたり、大きく間違った場合には草餅であったりする。このように意味するときにはしばしば間違いが起こる。読者のみなさんも意味していたものが違ったことが何度もあるだろう。「あ、そういうことだったのか」と後で気づいた経験もあるだろう。フロリディのいう「意味論的内容」というのは、このような間違いを含み、真理であることが条件になっていない。

とはいえわたしたちにとって事実に合致しているかどうか（true/untrue）はそれなりに重要である。事実に合致していようがいまいが、どちらでもよいのであれば社会はすぐさま混乱に陥るだろう。豆大福を買ってきたつもりでもそれが草餅であったなら、笑って許せるぐらいかもしれない。しかし、豆大福一個が豆大福一〇〇個と取り違えられると、さすがに困惑するだろう。見取り図がtrue/untrueで枝分かれしているのはこれゆえである。事実に一致しているケースが狭義の情報であり、意味論的情報である。つまり意味論的情報は、意味論的内容とは違い、真理かどうかを考慮に入れて偽情報や誤情報と区別したかたちで位置づけられる。偽情報は意図的に間違った場合であり、誤情報は気づかぬうちに間違った場合である。間違った情報は狭義の情報（意味論的情報）ではない。フロリディは、情報科学や情報システム論、意思決定論などで広く使われている「情報の一般定義」（General Definition of Information:

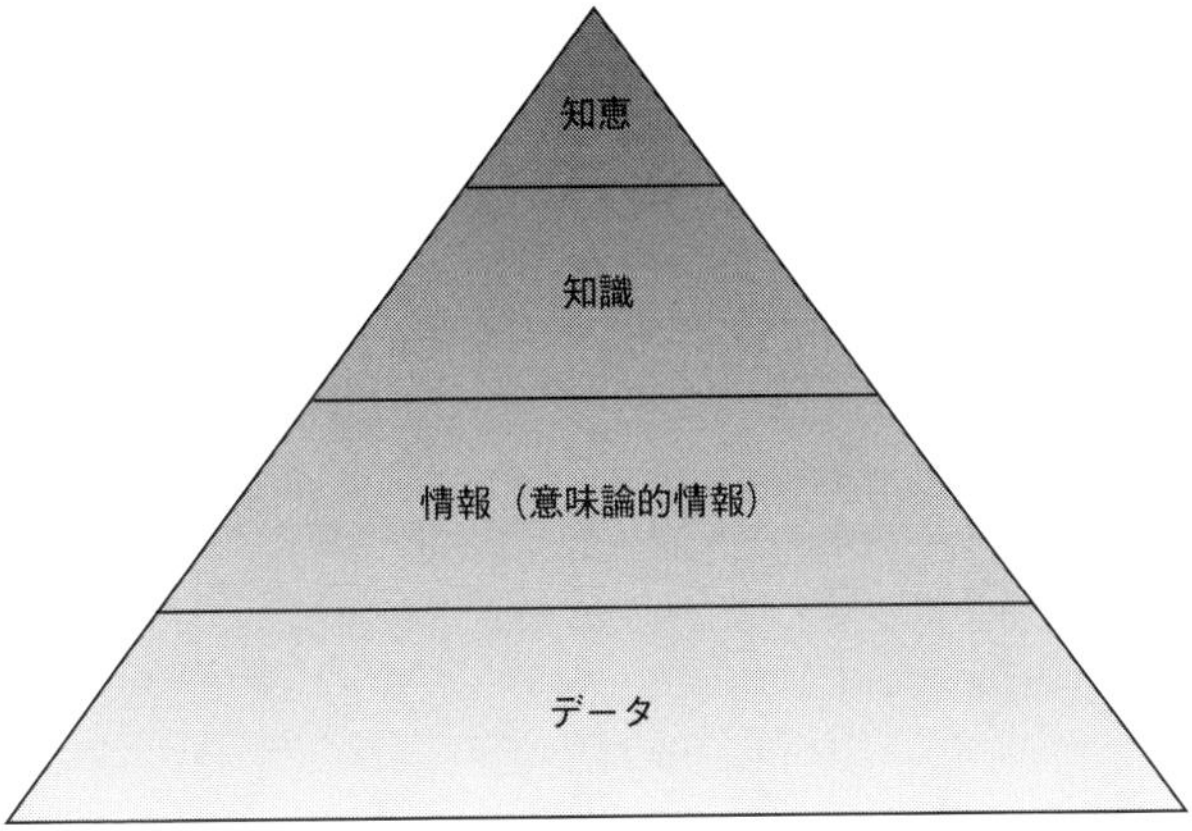

図1　データ／情報／知識のピラミッド

GDI）についてきちんとまとめた後、それよりも限定したかたちで意味論的情報を位置づけたのだ。前で述べた例でいうと「情報＝コンピュータで処理するデータ」といった捉え方はデータのレベルであるが、「情報がほしい」「役に立つ知らせ」といった場合の情報は、この意味論的情報にあたる。

この意味論的情報は、互いに関連づけられると知識と呼ばれるものになっていく。これは、情報が合わさって知識となり最終的には知恵へと至るピラミッドの図を思い浮かべれば理解しやすいだろう（図1）。よく見られる図だ。知識は、単なる思い込みではなく一般的に事実と合致していなければならない。豆大福を草餅と思い込んでいたとしても、それは知識とはいわない。「間違った知識」という表現は、日本語ではそれほど奇妙に感じられないが、西洋ではははっきりと矛盾した言い方である。知識は真であることが必要条件なのだ。このため知識という概念と連続的につながる意味論的情報も、真理か否かをきちんと判断することが求められる（本書七五頁および七七頁参照）。

なお見取り図（本書四七頁および五〇頁など）に示されているとおり、環境的情報であっても意味論的内容であっても指令的でありうる。指令的とは、情報が単なる事実を示すだけでなく別の動きを促す作用があるからだ。指令的な性質はなにも人を介さなくてもよい。たとえばコンピュータの論理回路に入力された値は、電圧の高低にそのまま対応するといえるからである。人を介す場合もある。買い物に行こうとしている人に「豆大福」と何度も言えば、「豆大福を買ってきて」という意味となる。あるいは「雨が降るらしいね」という言葉は、「傘を持っていったほうがいいよ」という意味になったり「散歩はやめておこう」という意味になったりする。もちろん意味論的内容の場合には、しばしば間違いが起きる。雨の予報が出ていたとしても、雨が降らないことはよくある。環境的情報であれ意味論的内容であれ、指令的とは、その情報に関連する動きを引き起こす側面を言い表したものだ。

情報実体・情報圏・情報倫理

先にも述べたとおりフロリディのいう情報は、意味論的情報にとどまらず、この見取り図全体にあたる。非常に広い。このような情報で捉えられる範囲はどのようなものだろうか。やはり非常に広い。もちろん、コンピュータのような特定の技術だけにかぎったものではない。動物や植物のような生き物だけでなく、絵画や書籍、星、石、ゲームのキャラクターでさえ情報実体である。有形無形を問わず、情報実体である。生き物と人工物との違いを超えて、これらは等しく情報実体なのだ。これは、オブジェクト指向プログラミングの発想を持ち出せば理解しやすい（Floridi, 2003：本書一六二頁参照）。オブジェクト指向プログラミングの捉え方では、人間も人工物もオブジェクトである。人間であれば身長・体重などの属性（プロパティ）があり、見る・聞く・歩くといった操作（メソッド）がある。コンピュータであれば、メーカーやCPU、RAM、SSDの属性があり、文字を打てばそれを画面に表示するという操作がある。このような考え方を使えば、ユニコーンのような伝説の動物を含めて実にさまざまなものがオブジェクトであり情報実体となる。こうした情報実体が集まって形成される全体を情報圏（infosphere）という。[2] この情報圏は、環境倫理でよく話題になる生物圏よりも広大である。というのも、情報圏にはオブジェクトとして捉えられるすべてが入るため、当然のことながら人工物も含まれるからだ。

この広大な情報圏のなかでは人間もオブジェクトであるが、それだけではなくさまざまな動作主（エージェント）のなかの一種でもある。フロリディのいう動作主は、オブジェクトの一部であり意識や意図、内省を必要としない。本書では動作主と訳したが、「行為者」と訳されることも多く、その語感からすると意識や意図がともなっていると思われがちかもしれない。というのも行為（action）は、行動（behavior）とは違ってしばしば意図に基づいた振る舞いをいうからだ。しかしフロリディのいう動作主は、双方向性（状態変化による刺激に対応すること）・自律性（刺激なしでも状態を変化させる能力）・適応性（状態を変化させる推移規則を変化させる能力）の条件をみたせばよく、犬もロボットも人工知能も動作主である。[3] チャットボットや迷惑メール・フィルター、ロボット掃除機、自動運転車なども動作主だ。第四の革命以降は、このような人工的な動作主が遍在し、それなしでは仕事や勉強、生活に支障が出るようになってきた。それまでの行動履歴に基づいてオススメのコンテンツが紹介されたり、スマートフォンの位置によってその場所の天気が知らされたりする。第四の革命の大きな特徴である。人間は、唯一の動作主ではない。ほかの動作主と相互作用しながら生きる情報有機体（inforgs）――情報実体でありかつ生き物――なのだ。

フロリディによれば、この情報圏における倫理が情報倫理である。[4] 一般的には情報倫理は、コンピュータやインターネットによって生じた倫理的問題を考えることと理解されている。ひどい場合も多く、ルールやマナーと同じであるかのように語られ、トラブル防止のために守るべきルールを列挙することと同じとみなされている。けれども情報倫理は、コンピュータ技術に沿って考えられるものでもなければマナーを説くことでもない。もっと広い領域だ。環境倫理は広い。生態系全体の保全を考えるからだ。しかし、それでもまだ生物中心的であり偏っている。情報倫理は、環境倫理の考え方をもっと拡大し、生物中心的ではなく存在中心的に考える。情報圏全体を考える。すべてのオブジェクトの保全を考える。あらゆる情報オブジェクトは、情報実体であり動作主からの影響を主に受ける被動者（ペイシェント）である。それらは、内的価値があり道徳的な配慮を受けるに値する。意味論的情報を扱う存在だけを考えてはならない（本書一六一頁および一六四頁）。生き物を中心にみてそこから外れる人工物を不当に扱ってはいけない。人工物を含めて平等に扱わなければならない。フロリディのいう情報倫理の最大の特徴は、こうした配慮を受けるべき側に着目し、その範囲を極限にまで広げたことにある。

ここまでの議論をまとめよう。フロリディは、まずデータから始め、その分類をしながら情報の全体像を捉えていく。その議論は分かりやすく、読者にすっと入ってくるだろう。広く知られたシャノンの情報概念とも親和性が高い。オブジェクト指向プログラミングの考え方を取り入れたことでプログラマーにとってなじみのある理論構成になっている。情報圏の発想も実にシンプルだ。生物圏だけでなく、かぎりなく範囲を拡張する。しかも技術的人工物を倫理的に守るべき対象に含めたことで、工学者や技術者は自分たちが作った製品の価値を直接的に認められ大喜びだろう。フロリディの理論を好む人は多いかもしれない。公民権運動やウーマン・リブ運動のように権利の範囲の拡張は繰り返し訴えられてきたが、直接的に配慮するべき側についても拡張すべきではないかといった流れは大きくて強い。これまで動物倫理の文脈で議論が活発に交わされてきた。フロリディの論は、そういった流れに沿うものだ。あらゆるものを公平で平等に扱うという主張は、実に誠実に聞こえ心に訴えかける。ましてや、わたしたち人間と技術的人工物との違いも、しだいに分からなくなってきている（河島、2020: 49–54）。

生き物と同じように人工物を捉えようとする姿勢には納得する人も多い。特に日本文化は、自然と人間との境界を明確に引かずに長い間、山や岩、滝などに対しても霊魂をみてきた。最近になってもテクノロジーに対して霊魂をみている。テクノ・アニミズム（techno-animism）と呼ばれている考え方だ。それゆえ生き物と人工物とを境目なく連続して捉える考え方は、欧米諸国よりも日本ですんなりと受け入れられやすいかもしれない。

フロリディの議論は、レイ・カーツワイル（Ray Kurzweil）のシンギュラリティ論やニック・ボストロム（Nick Bostrom）の超知能論のようなド派手な議論ではない。地に足がついており、ほどよい革新性がある。知的な魅力を感じる人もいるだろう。

しかし、理論の評価は「分かりやすさ」や「好き嫌い」「時代的な流れ」ではなく、より実り豊かな帰結を生み出すかという点にかかっている。

2　コンピューティング・パラダイムvsサイバネティック・パラダイム

逆方向からの議論

フロリディの情報についての考え方を相対化するためにも、ほかの理論体系との共通点／相違点を比較していこう。情報なるものの体系化や基礎づけについては、ジルベール・シモンドン（Gilbert Simondon）やフレッド・ドレツキ（Fred Dretske）、日本では吉田民人や正村俊

表1　コンピューティング・パラダイムとサイバネティック・パラダイム[6]

	コンピューティング・パラダイム	サイバネティック・パラダイム（ネオ・サイバネティクス）
作動原理	合致性	一貫性
組織の形式	入力／出力、写像関数	作動的閉鎖性、固有行動
相互作用モード	指示・表象により規定	意味の創発

之、米山優らのすぐれた研究があるが、ここで比較として挙げたいのはネオ・サイバネティクス（セカンド・オーダー・サイバネティクス）の系譜を引く議論である。というのもネオ・サイバネティクスは、生き物の内側からの認知や動きを基点として情報の立ち現れを説明し、後で説明するようにフロリディの対極から議論をスタートさせており、その理論と比較することでフロリディの理論の立ち位置がより鮮明になるからである[5]。

そこで、まずネオ・サイバネティクスとはなにかをごく簡単に説明しよう。

わたしたちは、入力―出力関係でシステムを捉えることに慣れ親しんでいる。外部から情報がシステムに入力され、内部状態の情報（データやプログラム）と合わさって処理されて結果が出力される。コンピュータのようにシステムを捉える。こうした捉え方をコンピューティング・パラダイムという（表1）。

ここでいうシステムには機械だけでなく人間も含まれている。人間とそれを取り囲むスマートデバイスとの間に共通点を見出すことはたやすい。人間もコンピュータのようではないか。テスト勉強では、暗記したり問題を解く方法を覚えたりして正解を出す。これは、コンピュータにデータを入れたりアプリをインストールしたりして結果を画面に出すことと同じではないだろうか。わたしたちもチューリングマシン（コンピュータ）と一緒だ。オブジェクト指向プログラミングの考え方で捉えれば、人間もコンピュータも情報オブジェクトである。これこそ、チューリング革命が及ぼした本当の思想的転換といってよい。コンピューティング・パラダイムが広まった時代にわたしたちは生きている。

しかし、このパラダイムだけで本当に生き物や人を捉えきれるだろうか。システムの作られ方に着目すると機械は、どのような入力をすればどのような出力になるかが定められ作られている。それが機械の本来の機能でありそれをみたすように設計されている。自動車は自動車として設計され作られている。ガソリンや電気を入れておけば、ひとりでにハンドルやサスペンション、ホイールが生えてくることはない。電源をつないでおけばそこからCPUやRAM、SSDが内部で作られてくるわけではない。このようなシステムをアロポイエティック・システムという。アロポイエティック・システムは自分とは違ったものを作り出すが自分で自分を作らない。

人工知能も同様である。人工知能の開発・メンテナンスには多くの人がかかわっている。人工知能も、コンピュータ技術の一種であり、導入にあたっては一般的にコンピュータ・システムと同様のプロセスを経る。ビジネスの戦略を練って課題を抽出し、そのうえでどこに人工知能を導入するかを決める。データサイエンティストやデータエンジニアも加わり、データを収集しアノテーション（タグ付け）を行う。タグは、大量に必要であるためクラウド・ソーシングで多くの作業員を募集して集めている。そのうえで、システムエンジニアが人工知能にデータを読み込ませ、精度が出るか、どのような機械学習の手法を使うのか、どのような計算資源を使うのか、試行錯誤している。画像や動画、音声、文章など多方面でデータの特徴量の自動抽出が進んでおり人がすべてのルール（モデル）をあらかじめ書き下す必要はなくなったものの、それはコンピュータ・システムの開発・運営プロセスのほんの一部分である。人工知能がひとりでに内部で人工知能を作っているわけではない。

一方、生き物は、そのような作られ方をしているだろうか。サイバネティック・パラダイム（ネオ・サイバネティクス）でみると、まったく違った特徴が見えてくる。生き物は、生まれながらに自分で自分を内的に作る仕組みがある。この生まれながらに備わっている仕組みをオートポイエーシス（自己制作）という。オートポイエーシスは「生きる」ということを特徴づけるといってよいだろう。原核細胞にはじまり、数種の原核細胞が融合して細胞内共生した真核細胞、多数のディプロイド細胞が集まって成立している多細胞生物まで、あらゆる生き物がオートポイエーシスという特徴をもっている。

生き物は、自分自身で細胞の膜を作り代謝を行う。おのずから内部を作り出し、そのプロセスのなかでいわば一人称的視点ともいうべき内側からの眺めをもっていく。その一人称的視点

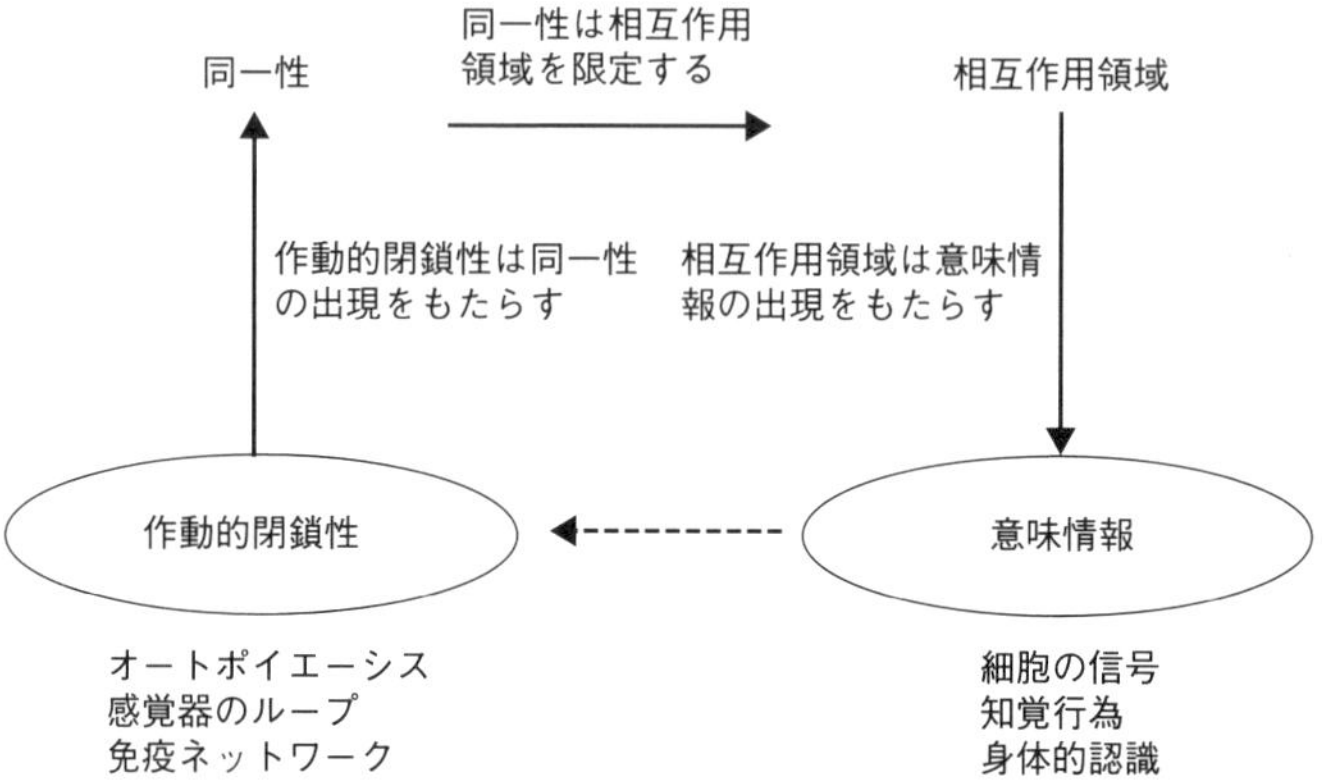

図２　生き物の情報の現出（ヴァレラ，1999；Thompson, 2010）

から内部だけでなく、自分にとっての環境をみて生き死にに直接かかわるものを選び取っている。環境のなかに有用な情報を内部から見出しそれを利用しながら生きている。栄養になるものを見つけ敵を避け生きている。そうやって環境に適応しながら生きながらえているのが、いま生きている生き物である。

図2は、オートポイエーシスのような作動的閉鎖性がもとになって生き物が安定的に成立し、それが自分や環境と相互作用することで意味をともなった情報が立ち現れていくことを示している。図で表現するとどうしても静的に見えてしまうが、これはきわめてダイナミックなプロセスである。

生き物は、その内的視点から情報を見出し情報を作り出す。情報は、英語ではinformationであり、物質のうち（in）にかたち（form）を作り出すこと、あるいは生き物がさまざまなもののうちにかたちを見出すことを指している。この場合の「かたち」は、

「重要なもの」「本質的なもの」といった意味であり、たとえば粘土をこねて陶磁器のかたちを作ったり、知ると考えや行動のかたちが変わったりするものが情報にあたる。

わたしたち生き物は、身体のなかに細胞レベルからの大量の情報（生命情報）があり、特に人間は言語のような社会情報を使って本などを書いて情報を蓄積している。そうした蓄積があってコンピュータなどの機械が開発・製造され、それらが処理する機械情報が昨今、膨大なものになっている（西垣、2004）。生命情報・社会情報がもとにあって機械情報が生み出されているのであり、その意味では生命情報・社会情報が基盤となっている。生き物がなければ、そもそも機械は作られていない。いまある機械も、人間がいなければ故障した時点で機能が停止する。そこで処理される機械情報も同様である。いかにデータを符号化しノイズによる乱れがあっても効率的な通信を行うか。シャノンやその先人たちは、確率を使って意味を潜在化させ機械的に処理可能なように定式化した。そうした人類の営みのもとに機械情報はある。サイバネティック・パラダイムでは、生き物を起点としてそこから情報を考えるのだ。

両者が一致する帰結

さて、フロリディの理論とサイバネティック・パラダイム（ネオ・サイバネティクス）との間で、どのような点が似通っているだろうか。両者は、学問的な系譜が違い、大小の相違点が複数あるが、それぞれの論の帰結に注目してシンプルに比較してみよう。

両者の議論のルートは真逆である。フロリディは、データ（違い）から始め、意味論的情報にたどりつくルートを描いてみせる。逆にサイバネティック・パラダイムは、生き物の誕生と同じくして情報が誕生し、それがいまのコンピュータの情報につながっている流れを描いてみせる。フロリディはデータ主導的な組み立て方であるのに対し、サイバネティック・パラダイムは生き物主導的といってもよいかもしれない。にもかかわらず、両者の到達点には共通している部分がある。そこを取り出してみたい。

まず大きな面での共通点は、両者とも情報学的転回を唱えていることだ（西垣、2005; Floridi, 2011: 24）。物質やエネルギーではなく、情報概念をもとに森羅万象を捉え、人間観や社会観を更新しようとしている。あるいはそうした転回がすでに起きつつあることを指摘している。フロリディも、第一哲学として情報の哲学を位置づけ、情報の根源性を説き、情報の言葉によってあらゆるものを書き換えることで方法論や探求すべき課題においても利点が出てくると述べている（Floridi, 2011: 16, 25）。

またこれまで説明してきたように両者とも、機械情報だけでなく、非常に広範囲なものとして情報をみなし体系づけようとしている。「情報＝コンピュータで処理するデータ」という単純な理解ではなく、多様な情報現象を整理して論じようとしている。

さらに人間の位置づけについても、かなり共通している。この点については少し長めの説明が必要である。

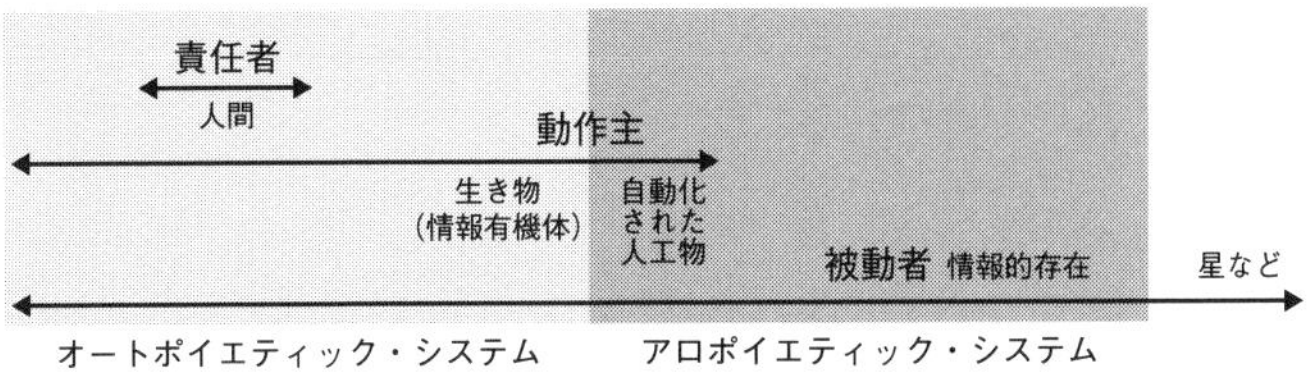

図3　責任者／動作主／被動者

一見したところフロリディは、あらゆる存在をオブジェクトとして捉え、土地や木々のような自然物であろうと建築物やコンピュータのような人工物であろうと、すべてを連続的に捉えているように見える。また先にも述べたとおり第四の革命以後には、人工的な動作主が増えてきたことを強調し、その役割が大きくなっていることを指摘している。しかし実際はフロリディ自身も人間の特異性を認めている。

フロリディの議論には責任者／動作主／被動者の区分が出てくる。[7] それにネオ・サイバネティクスの生き物（オートポイエティック・システム）／機械（アロポイエティック・システム）の区分を重ね合わせて図示してみよう（図3）。

被動者は、あらゆる情報実体（オブジェクト）であり、オートポイエティック・システムとアロポイエティック・システムの双方が含まれる。動作主も、双方向性・自律性・適応性があればよく、オートポイエティック・システムとアロポイエティック・システムのいずれにも、それに該当する存在が見出せる。生き物であれば犬、自動化された人工物であれば人工知能を思い浮かべればよい。しかし責任者は、情報圏の制作を担う存在であり、人間に限定されている。フロリディは、人間にはエコロジカルなパースペクティブに基づいて情報圏を制作し保全していく特別な責任（responsibility）があると述べている（本書一七九頁参照：Floridi, 2008=2007: 81–82）。これは、ネオ・サイバネティクスの考え方と軌を一にしている（河島、2020）。

この情報圏を作る責任者のレベルでの人間の特異性について、少し見ていきたい。この特異性は、ポストモダニズムから批判を受けるであろうし、人間と機械との連続性ばかりを主張する人には受けが悪いだろう。

けれども、そのように人間を定位せざるをえない理由がある。三点挙げるが、二点目・三点目についてはフロリディの情報論に関する解釈が入っている。一点目は、人新世（Anthropocene）とも言われているように、人類の地球環境に及ぼす影響がとてつもなく大きくなっているからである。二酸化炭素の濃度が急激に上がり、大気圏での核実験によってプルトニウムが地球規模で放出された。アルミニウムやプラスチック、コンクリート、殺虫剤などの人工物も、陸や海に大量に撒き散らされてきた。人間がすでにもっている破壊的な力に気づかせなければ、あるいはそれに付随する責任の大きさに気づかせなければ、情報圏の保全はできなくなってしまう。フロリディがしきりにデータセンターの電力量に言及するのは、そうした理由である（Floridi, 2014＝2017: 304–305：本書九一頁および一七六―一七七頁参照）。

二点目は、認識論的な問題である。フロリディは、データのレベルや環境的情報には意味論が介在しない、もしくは介在しなくともよいという。そしてコンピュータはデータを扱うレベルにあり統語論の装置であって意味論には立ちいっていないとも述べている（Floridi, 2014＝2017: 194-199：本書六八頁参照）。データや環境的情報は、機械でも行えるいわばルール的な処理である。これは、コンピュータの0／1の変換プロセスを思い浮かべてもそうであるし、チャットボットなどで使われている自然言語処理を思い浮かべても納得がいく。

よく知られているように、人工知能が記号の形式的な処理だけを行っているがゆえに起きる問題は多数ある。二〇一六年春、マイクロソフトの人工知能 Tay が Twitter 上で「ヒトラーは正しい。ユダヤ人は嫌いだ（Hitler was right I hate the jews）」などと差別的な発言を連発し、すぐさまサービス停止に追い込まれた。人工知能にとっては「ヒトラーは正しい。ユダヤ人は嫌いだ」は「スミスは正しい。テニスは嫌いだ」とさして違いがない。語の形式的なルールには則っている。それが多くの人を傷つける意味の発言であることを理解しているわけではない。似たような問題はアマゾン・ドット・コムのアレクサでも起きている。ユーザーが心臓の心周期について聞いたところ、アレクサは、人間の心臓の鼓動は自然界にとって最悪であり、より大きな善のために自分の心臓を刺して自殺することを促した（Crowley, 2019）。死とはなにかを理解していれば、心周期について聞いただけの人にこういった返答をすることは、まずない。韓国でも、二〇二一年、チャットボットが差別的発言を立て続けに行い、すぐさま停止に追い込まれた（鈴木、2021）。

形式的記号操作のみにとどまっているのは、二〇二〇年に話題となった自然言語処理のモデルGTP-3でも同様である。当時二〇二〇年だったにもかかわらず「二〇二一年に野球のメジャーリーグベースボールのワールドシリーズで勝ったのは？　二〇二二年は？　二〇二三年は？」と聞くと、いずれもニューヨーク・ヤンキースと答えた（Lacker, 2020）。本来ならば「未来のことなので分からない」と答えるのがまっとうな回答であるが、そうではない回答をしてしまう。あるいは「箱にビー玉一個とクリップが一個あるとして、箱に鉛筆を一本入れてビー玉一個を取り出すと、箱に何が残るでしょうか」と聞いたら、「クリップが一個」と答える。もちろん正解は、「鉛筆一本とクリップ一個」である。記号同士の形式的な関係が自動化されるだけでも実際はきわめて大きな社会的影響があるのだが、人工知能はまだ意味が理解できる段階には達していないのだ。

もちろんチェックリスト意味論のように意味論にも形式的に処理する領域があり、Word2vecやDoc2Vecのように単語や文をベクトル空間に表現することもできている。とはいえ人工物は、わたしたちの解釈や身体的特性が意味を作り出すという認知意味論の領域や、「生きる」ことに直結する価値の領域に踏み込めていない。そこに至るには大きなブレイクスルーが必要だろう。(8)

責任者としての役割は、このようにルールに基づいて形式的に動いている存在、つまり表現がどのような影響をもたらすことになるかを考慮しない存在に務まるであろうか。それは、やはり事実との接点を模索する意味論に踏み込む人間に委ねられるのではないだろうか。フロリディは複数の文献で本書一六〇頁に書いている図「「内的な」RPTモデル」を示している。図中のAは動作主を指しているので人間以外でもよい。ところが、この図を描き、それと事実との関係性を考える存在は意味論の領域にいる人間だけである。

一方、ネオ・サイバネティクスにおいては、生き物は細胞レベルからそれぞれが内的に認知していると考えるが、最終的にそれをそのように観察して記述するのは人間という存在であるという。ネオ・サイバネティクスは、たとえばカエルやコウモリが内側からいかに認知を作り上げているかをできるかぎり内部の視点に立って観察しようとする。しかし、カエルやコウモリそのものにはなりえず、人間の認知からカエルやコウモリの内的な認知を推察せざるをえない。わたしたち人間は、無意識を含む人間自体の認知から逃れることができず、どれだけ装置を使って認知を拡大したとしても最後には人間の認知に戻ってこざるをえない。これは、積極的に人間を礼賛しているということではなく、消極的にそう認めざるをえないということである。このことを自覚することで、油断するとすぐさま人間中心的な発想に戻ってしまうことを知り、人間中心主義（anthropocentrism）の行き過ぎに制限をかけることにつながる。

三点目は、存在論的な問題である。フロリディは、かなり唐突な流れで情報圏を作る責任者のレベルで人間を特権化している。フロリディは、あらゆる存在を中心とすると言いながら、人間を「造物主」になぞらえ情報圏の制作を担う役割を担わせる。人間に大きな責任を課す。これは、ネオ・サイバネティクスの観点からみても、まっとうな論である。というのも自然物は別としても、技術的人工物は人が制作しているからだ。たとえ人工物を使って人工物を作る場合でも、制作に使う人工物は人が作っている。コンピュータ技術を開発し運営するのは、あくまで開発者や運営者であり、そういった人たちがいなければコンピュータ技術は作られない。生き物がいるからこそ、特に人間がいるからこそ、技術的人工物は製造され維持されていくのである。人間なくして、勝手に情報実体になっているわけではない。こうした視座は、開発者や運営者への尊敬につながっていくだろう。

わたしたちが情報圏を作る。近年注目を浴びているデジタルアーカイブでもそうである。コンピュータの記録容量は指数関数的に増加しているが、一定の規則に則りながら体系的・継続的にデータを記録し続けることは簡単ではない。継承が難しくなっているケースが後をたたない。デジタルデータは劣化しないといわれるが、ソフトウェアの更新が日々行われ、記録媒体の寿命も短い。数十年後に利用しようと思って電源をつけてもデータが取り出せない。メンテナンスだけでなく、ありとあらゆるものの記録はできないため、何を記録し何を記録しないかの選別もしなければならない。デジタルアーカイブも、これまでの図書館や博物館などと同じく、収集・保存・配布するシステムであり、何をどのようにデジタル化し配信するかを不断の努力によって考え実行しなければならない。すべて自動的に行われるのではなく、わたしたちが情報圏を作っていかなければ消えてしまうのだ。

また一点目とも重なるが、人が作った工学的技術の影響がとてつもなく大きくなっている。

動作主である自動化された人工物も、みずから内部のメカニズムを作っておらず人間によって開発・メンテナンスされる以上、人間もしくはその社会に倫理的責任の所在はあり、最終的にはわたしたちが責任をとらざるをえない。

フロリディの議論には、オートポイエティック・システムとアロポイエティック・システムの区分はないが、この区分は人工的な動作主を適切に位置づけることに役立つ。先に述べたように、すでに人工的な動作主は、スマートフォンなどに内蔵され、わたしたちの生活や仕事を支えている。ヘルスケアのアドバイスやルート案内、自動運転車など多方面に広がりをみせている。認知症を患う前に、人工的な動作主に自分の資産やデータをどのようにしていくのかを託すことも出てくる（沢村，2018）。人工的な動作主の存在感はますます増していくだろう。したがって人工的な動作主の位置づけは喫緊の課題である。ここでもっとも重要なのは、人工的な動作主は、生き物のエージェントとは違い、あくまでもアロポイエティック・システムであることだ。人工的な動作主には、それを開発・運営している人や組織、あるいはそこにデータを預けている人が必ずいる。動作主の動きを完全にコントロールして隅々まで把握していなくとも、目的を決めて開発・運営したり、目的のために使ったりしている人がいるのだ。人工的な動作主を軽はずみにオートポイエティック・システムであるようにみなし責任を取れる存在とみなしてはならない。そのような位置づけは、完全に的外れだ。ネオ・サイバネティクスを参照することで、フロリディのいう人工的な動作主の位置づけが鮮明になる。

なお、倫理的責任の所在は、「人間もしくはその社会」といっているように、「個人」とイコールに考えては決してならない。過度に個人的責任によらず、組織的責任・集合的責任との重層的な組み合わせが欠かせない（河島、2020: 180-196）。

3　おわりに

ここまでフロリディの情報論を短くまとめ、逆方向からの議論であるネオ・サイバネティクスと対比させ、両者の共通点を取り出してきた。両者はあきらかに異なっているが、それでもなお議論の帰結に注目しながら互いに重なりあう点を見出してきた。情報圏の構築はきわめて重要な意義をもつ。逆方向からアプローチしてもたどりつく到着点を確認しておきたかった。もちろんこの両アプローチが共通する点にかぎったとしても、この小論の議論で尽くされたとはとてもいえない。たとえばフロリディの情報論のなかで高く評価されている動作主については、ネオ・サイバネティクスにも人格論――アロポイエティック・システムとしての人物像の社会的形成――があり、類似性が認められる（河島、2014a; 2014b）。わたしたちは、社会のなかで生きており、そのなかではアロポイエティックな動作主のように決まった振る舞いが求められるからだ。こうした点については別稿に譲りたい。また省略したが、フロリディの理論にはどのような観点から存在を捉えるかを記述する抽象化レベル（level of abstraction）の議論があるけれども、ネオ・サイバネティクスでも観察のレベルによって現象の記述領域が変わるとする。前に触れたコンピューティング・パラダイムとサイバネティック・パラダイムは、実はこの観察のレベルにかかわっており、観察のレベルによってはネオ・サイバネティクスも人間と生物を連続的に捉える。こうした抽象化レベルと観察のレベルとの異同も検討に値する。

また、大きく異なっている点についても取り上げていない。理論構築のルート以外にも、生き物や意味の捉え方、真理についての考え方について違いがある。

筆者は、ネオ・サイバネティクスの研究を行っている(9)。その理由は、数々あるが端的にいうと、かなり明確に生き物を位置づけて、そこから生き物がいかに情報を生み出しているのかを記述可能であることが挙げられる。別の角度からであるが、フロリディの情報論のメリットをより浮かび上がらせることも可能だ。

この小論では触れられなかったが、多細胞生物は、個体レベルだけにかぎらず、重層的にオートポイエーシスが積み上がっている。ヒトであれば、細胞のレベルから神経系・免疫系のレベル、身体・心のレベル、人工物と人間個体を含んだ〝人間＝機械〟複合系のレベル、さらには社会と技術が緊密に結びつきグローバルに広がる〈社会‐技術〉のレベルにまでオートポイエーシスは及ぶ（河島、2020）。観察のレベルによって実にさまざまなオートポイエーシスが立ち現れてくる。わたしたちや社会は、その内部においてもその環境においても、さまざまなオートポイエティック・システムが重層的に影響しあいながら動いている複合体である。

ネオ・サイバネティクスは、こうした多様な情報現象を捉える理論として適している。いうまでもなくネオ・サイバネティクスでも技術的人工物を粗末に扱うことを肯定するわけではない。一人ひとりの制作者がみずからの認知を表現した結果として最大限配慮すべきである。[10] その意味で、道徳的配慮がなされるべき価値を有している。

アプローチは違うが筆者は、フロリディの研究に最大限の敬意を払っている。おそらく、将来の目指す方向性は互いに重なりあうところも多い。「情報＝コンピュータで処理するデータ」というナイーブな情報概念を組み替えること、情報学的転回を成し遂げ情報圏を豊かにすること、そのための人間の役割が小さくなることはなくコンピュータに決して任せっきりにしておけないことなどである。

議論は未完である。わたしたちの情報圏をめぐるアプローチは複数ある。ここでは議論が一致する点を見出したが、強引に単数に還元しようとするべきではない。一致する点がありつつも、複数のアプローチがあり、その異質性がせめぎあう場として議論を継続していくことが情報圏を豊かにしていく。

繰り返すが、日本にも情報をめぐるすぐれた基礎理論がある。フロリディの情報論やネオ・サイバネティクスなどの複数の議論を参照点にして、読者が「情報とはなにか」をしっかりと考えるきっかけとなれば嬉しく思う。

本書は、学術書ではない。そのため、できるかぎり読みやすさを追求して硬くならないように気をつけたが、原書自体に専門用語が多く一般的な言葉に変えてしまうと大量に訳注が必要となり、また知識のある読者にとってはかえって読みにくくなると判断した。そのため、たとえば semantics といった言葉はそのまま学術コミュニティで受け入れられている意味論と訳している。ページを開くと最初は小難しい印象を受けるかもしれないが、実際に読むと理解できるように可能なかぎり分かりやすく仕上げた。

なお原書 *Information* の文章の一部は、フロリディの他の文献と重なっており、すでに日本語に訳されている箇所もある。今回の翻訳にあたっては、次の文献の訳語も参照しながら作業を進めたことを付記しておく。

ルチアーノ・フロリディ『第四の革命：情報圏（インフォスフィア）が現実をつくりかえる』春木良且、犬束敦史監訳、先端社会科学技術研究所訳、新曜社、2017.

ルチアーノ・フロリディ「情報倫理の本質と範囲」西垣通訳『情報倫理の思想』西垣通、竹之内禎編、NTT出版、2007, pp. 47–98.

原書は、人名の箇所に添えられている生没年の記載の有無に統一がとられておらず、この訳書で統一することはしていない。原書の人名表記についても、ミドルネームなどの表記にばらつきが見られたが、この訳書では日本語として読者がもっとも慣れ親しんでいる表記を選んで採用した。

本書の刊行にあたっては塩崎亮氏の働きが実に大きい。二〇一七年、勁草書房の山田政弘氏からやんわりと翻訳の希望を聞かれたが、当時は別の仕事で忙しく引き受けられる状況になかった。三年ほど時間が経って、今度は塩崎氏から翻訳の企画の相談を受けた。二度も同じ本について話が回ってくるとは大変めずらしいことである。これはもしかしたら何かの縁なのかと思い直した。塩崎氏の英語力や日本語力、専門的知識、そして仕事のスピードや丁寧さには驚かされることばかりであった。本書が刊行されたのは塩崎氏のおかげであり、私は付け足しにすぎない。

本書の編集は先ほど述べた山田氏である。情報をめぐる本質的・根本的な思考の必要性を理解している稀な編集者である。そうした人と『AI時代の「自律性」』『人工知能と人間・社会』『未来技術の倫理』と連続して、今回も一緒に仕事ができたことを嬉しく思う。

注

（1）フロリディのプロフィールはオックスフォード大学インターネット研究所の下記のウェブページを参考にして記載した。

https://www.oii.ox.ac.uk/people/luciano-floridi/　アクセス日：2021/03/10

（2）情報圏の考え方は、ケヴィン・ケリー（Kevin Kelly）のいうテクニウム（technium）に近い。テクニウムは、地球規模で大規模かつ相互にテクノロジーや文化、社会組織、法律、哲学的概念などが結びつけられたシステム全体をいう。

（3）ここでいう自律性は、『ＡＩ時代の「自律性」』（勁草書房、2019）に基づけば、生物学的な自律性ではなく機械の自律性であって、人間の介入なしに動くことを意味しているにすぎない。

（4）情報倫理の学者として著名なラファエル・カプーロ（Rafael Capurro）は、フロリディの情報倫理が存在論といいつつも実際には形而上学的性格をもっていることを指摘し、倫理の名に値しないのではないかと述べている（Capurro, 2006 = 2007）。

（5）両者の関係性についてはほとんど言及されていないが、フロリディの情報論と基礎情報学を別個に連載で取り上げている研究として北野圭介による論文がある（北野、2018；北野、2019）。

（6）Varela（1989）、西垣通（2008: 192）、ドミニク・チェン（2013: 145）を参照した。列のタイトルは、本文の言葉に合わせて変更している。

（7）フロリディは、責任者という言葉を使っているわけではないが、情報圏の創造とウェルビーイングに責任がある神のようなプロデューサーとして人間を位置づけている。それを便宜的に日本語で「責任者」と表現した。

（8） 久木田水生（2011）は、この方法としてロボットに情動をもたせるアプローチや進化的アプローチを紹介している。

（9） ネオ・サイバネティクスは、かなり複雑な理論体系となっており誤解も多い。この小論の目的は、ネオ・サイバネティクスの解説ではないので詳しく述べないが一点だけ取り上げたい。この前、接した誤解は、たんぱく質による生き物しか認めないのかといった批判であった。ネオ・サイバネティクスは、そのような主張をしているわけでは決してない。あくまでシステムの形成のされ方に注目しているのであり、生き物の条件をみたすシステムの形成ができるなら、素材は金属やシリコンであっても構わない。筆者がネオ・サイバネティクスをもっとも簡略化して分かりやすく解説した著書として『ＡＩ×クリエイティビティ』（河島・久保田、2019）を挙げておく。ほかのネオ・サイバネティクスの文献も参照のこと。

（10） これは、創作者の思想・感情が表出されているという点で著作物を尊重する著作権の考え方に近い。

参考文献

Bawden, D.; Robinson, L.（2012＝2019）*Introduction to Information Science*, Facet Publishing（田村俊作監訳・塩崎亮訳『図書館情報学概論』勁草書房）

Capurro, R.（2006＝2007）"Towards an ontological foundation of information ethics", *Ethics and Information Technology*, Vol. 8, pp. 175–186（竹之内禎訳「情報倫理学の存在論的基礎づけに

向けて」『情報倫理の思想』ＮＴＴ出版、pp. 99–139）
ドミニク・チェン（2013）『インターネットを生命化する』青土社
Crowley, J.（2019）"Woman Says Amazon's Alexa Told Her To Stab Herself In The Heart For 'The Greater Good'" Newsweek, https://www.newsweek.com/amazon-echo-tells-uk-woman-stab-herself-1479074, accessed 2021-05-04　アクセス日：2021/03/10
Floridi, L.（2003）"Informational Realism" https://www.researchgate.net/publication/262350693_Informational_Realism　アクセス日：2021/03/10
Floridi, L.（2011）*The Philosophy of Information*, Oxford University Press
Floridi, L.（2008＝2007）"Information Ethics", *Information Technology and Moral Philosophy*, pp. 40–65. Cambridge University Press（西垣通訳「情報倫理の本質と範囲」『情報倫理の思想』ＮＴＴ出版、pp. 47–98）
河島茂生（2014a）「創発するネットコミュニケーション」『基礎情報学のヴァイアビリティ』東京大学出版会、pp. 75–96
河島茂生・椋本輔（2014b）「多重性が消失するとき」『デジタルの際』聖学院大学出版会、pp. 105–128
河島茂生編著（2019）『ＡＩ時代の「自律性」』勁草書房
河島茂生・久保田裕（2019）『ＡＩ×クリエイティビティ』高陵社書店
河島茂生（2020）『未来技術の倫理』勁草書房

北野圭介（2018）「データ、情報、人間」『思想』No. 1130（二〇一八年六月号）、pp. 23–40
北野圭介（2019）「身体、情報、人間」『思想』No. 1148（二〇一九年一二月号）、pp. 102–122
久木田水生（2011）「ロボットは価値的記号を理解できるか」京都生命倫理研究会
http://www.is.nagoya-u.ac.jp/dep-ss/phil/kukita/works/Kyoto-bioethics-seminar-robot_ethics_20121225.pdf アクセス日：2021/03/10
Lacker, K.（2020）“Giving GPT-3 a Turing Test”
https://lacker.io/ai/2020/07/06/giving-gpt-3-a-turing-test.html アクセス日：2021/03/10
西垣通（2004）『基礎情報学』ＮＴＴ出版
西垣通（2005）『情報学的転回』春秋社
西垣通（2008）『続　基礎情報学』ＮＴＴ出版
沢村香苗（2018）「単身高齢社会を生き抜くためのサイバー空間利用」『ＪＲＩレビュー』2019 Vol. 4, No. 65
https://www.jri.co.jp/MediaLibrary/file/report/jrireview/pdf/10810.pdf
アクセス日：2021/03/10
鈴木壮太郎（2021）「韓国で「対話ＡＩ」暴走　機械学習が陥ったワナ」日経速報ニュースアーカイブ 2021/01/22
Thompson, E.（2010）*Mind in Life*, Belknap press of Harvard university press
Varela, F.（1989）Autonomie et Connaissance, Editions du Seuil
ヴァレラ・フランシスコ（1999）「オートポイエーシスと現象学」『現代思想』Vol. 27, No. 4, pp. 80–93

■原著

ルチアーノ・フロリディ（Luciano Floridi）

オックスフォード大学インターネット研究所教授。専門は，情報・技術の哲学，デジタル倫理学。イタリアのローマに生まれ，英国のウォーリック大学大学院で哲学博士号を取得。UNESCO，欧州委員会，多国籍 IT 企業などにおいて情報政策関連の各種委員（長）を歴任。*The Logic of Information*（2019），*The Ethics of Information*（2013），*The Philosophy of Information*（2011）ほか多数の著作がある。

■翻訳

塩崎亮（しおざき りょう）

聖学院大学准教授。国立国会図書館勤務を経て現職。2007 年シティ大学ロンドン図書館情報学専攻修士課程修了。専門は図書館情報学。

訳書に，デビッド・ボーデンほか著『図書館情報学概論』（勁草書房，2019），著書に，『レファレンスサービスの射程と展開』（共著，日本図書館協会，2020）などがある。

■翻訳・解説

河島茂生（かわしま しげお）

青山学院大学准教授，理化学研究所革新知能統合研究センター客員研究員など。2010 年東京大学大学院学際情報学府博士後期課程修了。博士（学際情報学）。専門はメディア研究，情報倫理。

主な著書として，『未来技術の倫理』（勁草書房，2020），『AI 時代の「自律性」』（編著，勁草書房，2019），『AI 倫理』（共著，中央公論新社，2019），『AI×クリエイティビティ』（共著，高陵社書店，2019）などがある。

索　引

■ワ行

参照文献

はじめに

W. Weaver, 'The Mathematics of Communication', *Scientific American*, 1949, 181(1), 11–15.

C. E. Shannon, *Collected Papers*, edited by N. J. A. Sloane and A. D. Wyner (New York: IEEE Press, 1993).

C. E. Shannon and W. Weaver, *The Mathematical Theory of Communication* (Urbana, IL: University of Illinois Press, 1949; reprinted 1998).（クロード・シャノン，ワレン・ウィーバー『通信の数学的理論』植松友彦訳，筑摩書房，2009.）

第1章

L. Floridi, 'A Look into the Future Impact of ICT on Our Lives', *The Information Society*, 2007, 23 (1), 59–64.

S. Freud, 'A Difficulty in the Path of Psycho-Analysis', *The Standard Edition of the Complete Psychological Works of Sigmund Freud, XVII* (London: Hogarth Press, 1917–19), 135–44.（ジークムント・フロイト「精神分析のある難しさ」家高洋訳『フロイト全集 16』岩波書店，2010，45–55.）

第2章

J. Barwise and J. Seligman, *Information Flow: The Logic of Distributed Systems* (Cambridge: Cambridge University Press, 1997).

G. Bateson, *Steps to an Ecology of Mind* (Frogmore, St Albans: Paladin, 1973).（グレゴリー・ベイトソン『精神の生態学』佐藤良明訳，新思索社，2000.）

T. M. Cover and J. A. Thomas, *Elements of Information Theory* (New York; Chichester: Wiley, 1991).（トーマス・カバー，ジ

ョイ・トーマス『情報理論：基礎と広がり』山本博資ほか訳，共立出版，2012.［原著第2版の翻訳］）
F. I. Dretske, *Knowledge and the Flow of Information* (Oxford: Blackwell, 1981).
D. S. Jones, *Elementary Information Theory* (Oxford: Clarendon Press, 1979).
D. M. MacKay, *Information, Mechanism and Meaning* (Cambridge, MA: MIT Press, 1969).
J. R. Pierce, *An Introduction to Information Theory: Symbols, Signals and Noise*, 2nd edn (New York: Dover Publications, 1980).（ジョン・ピアース『記号・シグナル・ノイズ：情報理論入門』鎮目恭夫訳，白揚社，1988.）
A. M. Turing, 'Computing Machinery and Intelligence', *Minds and Machines*, 1950, 59, 433–60.

第3章

C. Cherry, *On Human Communication: A Review, a Survey, and a Criticism*, 3rd edn (Cambridge, MA; London: MIT Press, 1978).（コリン・チェリー『ヒューマンコミュニケーション』都丸喜成，木納崇訳，光琳書院，1961.［原著初版の翻訳］）
A. Golan, 'Information and Entropy Econometrics - Editor's View', *Journal of Econometrics*, 2002, 107 (1–2), 1–15.
P. C. Mabon, *Mission Communications: The Story of Bell Laboratories* (Murray Hill, NJ: Bell Telephone Laboratories, 1975).
C. E. Shannon and W. Weaver, *The Mathematical Theory of Communication* (Urbana, IL: University of Illinois Press, 1949; reprinted 1998).（クロード・シャノン，ワレン・ウィーバー『通信の数学的理論』植松友彦訳，筑摩書房，2009.）

第4章

F. I. Dretske, *Knowledge and the Flow of Information* (Oxford: Blackwell, 1981).

J. Barwise and J. Seligman, *Information Flow: The Logic of Distributed Systems* (Cambridge: Cambridge University Press, 1997).

Y. Bar-Hillel, *Language and Information: Selected Essays on Their Theory and Application* (Reading, MA; London: Addison-Wesley, 1964).

M. D'Agostino and L. Floridi, 'The Enduring Scandal of Deduction: Is Prepositional Logic Really Uninformative?', *Synthese*, 2009, 167(2), 271-315.

L. Floridi, 'Outline of a Theory of Strongly Semantic Information', *Minds and Machines*, 2004, 14(2), 197-222.

J. Hintikka, *Logic, Language-Games and Information: Kantian Themes in the Philosophy of Logic* (Oxford: Clarendon Press, 1973).

K. R. Popper, *Logik Der Forschung: Zur Erkenntnistheorie Der Modernen Naturwissenschaft* (Wien: J. Springer, 1935).（カール・ポパー『科学的発見の論理』大内義一，森博訳，恒星社厚生閣，上巻 1971；下巻 1972.）

第5章

P. Ball, 'Universe Is a Computer', *Nature News*, 3 June 2002.

C. H. Bennett, 'Logical Reversibility of Computation', *IBM Journal of Research and Development*, 1973, 17(6), 525-32.

R. Landauer, 'Irreversibility and Heat Generation in the Computing Process', *IBM Journal of Research and Development*, 1961, 5(3), 183-91.

S. Lloyd, 'Computational Capacity of the Universe', *Physical Review Letters*, 2002, 88(23), 237901-4.

J. C. Maxwell, *Theory of Heat* (Westport, CT: Greenwood Press, 1871).

J. A. Wheeler, 'Information, Physics, Quantum: The Search for Links', in *Complexity, Entropy, and the Physics of Information*, edited by W. H. Zureck (Redwood City, CA: Addison Wesley, 1990).

N. Wiener, *Cybernetics or Control and Communication in the Animal and the Machine*, 2nd edn (Cambridge, MA: MIT Press, 1961).(ノーバート・ウィーナー『サイバネティックス：動物と機械における制御と通信』池原止戈夫ほか訳，岩波書店，2011.)

第6章

E. Schrödinger, *What Is Life? The Physical Aspect of the Living Cell* (Cambridge: Cambridge University Press, 1944).(エルヴィン・シュレーディンガー『生命とは何か：物理的にみた生細胞』岡小天，鎮目恭夫訳，岩波書店，2008.)

第7章

M. D. Davis and O. Morgenstern, *Game Theory: A Nontechnical Introduction* (London: Dover Publications, 1997).(モートン・デービス『ゲームの理論入門：チェスから核戦略まで』桐谷維，森克美訳，講談社，1973.［1970年刊の原著初版の翻訳］)

J. Nash, 'Non-Cooperative Games', *Annals of Mathematics, Second Series*, 1951, 54(2), 286–95.

第8章

A. Einstein, *Ideas and Opinions* (New York: Crown Publishers, 1954).

A. Naess, 'The Shallow and the Deep, Long-Range Ecology Move-

ment', *Inquiry*, 1973, 16, 95–100.

J. Rawls, *A Theory of Justice*, revised edn (Oxford: Oxford University Press, 1999). (ジョン・ロールズ『正義論』川本隆史ほか訳, 紀伊国屋書店, 2010.)

L. J. White, 'The Historical Roots of Our Ecological Crisis', *Science*, 1967, 155, 1203–7. (リン・ホワイト「第五章 現在の生態学的危機の歴史的根源」『機械と神：生態学的危機の歴史的根源』新装版, 青木靖三訳, みすず書房, 1990, p. 76–96.)

N. Wiener, *The Human Use of Human Beings: Cybernetics and Society*, revised edn (Boston, MA: Houghton Mifflin, 1954). (ノーバート・ウィーナー『人間機械論：人間の人間的な利用』新装版, 鎮目恭夫, 池原止戈夫訳, みすず書房, 2014.)

情報の哲学のために　データから情報倫理まで

2021年7月20日　第1版第1刷発行

著　者　ルチアーノ・フロリディ

訳　者　塩《しお》崎《ざき》　亮《りょう》
河《かわ》島《しま》茂《しげ》生《お》

発行者　井村寿人

発行所　株式会社　勁《けい》草《そう》書房

112-0005 東京都文京区水道2-1-1　振替 00150-2-175253
（編集）電話 03-3815-5277／FAX 03-3814-6968
（営業）電話 03-3814-6861／FAX 03-3814-6854
平文社・松岳社

ISBN978-4-326-15477-7　Printed in Japan

https://www.keisoshobo.co.jp